C000017478

PUBLII

PAPINII STATII

SYLVARUM, LIB. V.
THEBAIDOS, LIB. XII.
ACHILLEIDOS, LIB. II.

TOMUS PRIMUS.

WARRINGTONIÆ:

VENEUNT APUD G. EYRES TYPOGRAPHUM; & J. JOHNSON,
IN COEMETERIO D. PAULI, LONDINI.
MDCCLXXVIII.

In the interest of creating a more extensive selection of rare historical book reprints, we have chosen to reproduce this title even though it may possibly have occasional imperfections such as missing and blurred pages, missing text, poor pictures, markings, dark backgrounds and other reproduction issues beyond our control. Because this work is culturally important, we have made it available as a part of our commitment to protecting, preserving and promoting the world's literature. Thank you for your understanding.

PUBLII PAPINII STATII VITA

A PETRO CRINITO DESCRIPTA.

PUBLIUS Statius Papinius inter poëtas heroïcos relatus, haud ignobili genere ortus eſt. Quidam ſcribunt, majores ejus oriundos Epiro, diùque verſatos Sellis, non finè commendatione ingenii atque probitatis. Patrem Papinium habuit, qui ob inſignem eruditionem, egregiáſque virtutes civitate Neapoli donatus eſt, in quâ Statius poëta natalem ſuum habuit. Quæ res cùm locis multis indicatur, tum illis præcipuè carminibus quibus Claudiam uxorem hortatur, ut relictâ Urbe, Neapolim ſe recipiat, quò liberiùs atque faciliùs animo ſuo indulgere poſſet. Primam ætatem in ſtudiis literarum & honeſtis diſciplinis collocavit, diligentiâ Papinii patris inſtitutus. Cúmque in poëticâ facultate multum profeciſſet, brevi tempore adeptus eſt ſummam celebritatem nominis. Uxorem habuit nomine Claudiam, quæ ingenio magno fuit, miniméque vulgari doctrinâ, ut ipſe Statius alicubi

refert.

refert. Quidam falsò exiſtimarunt, eandem eſſe Pollam
Argentariam, quæ uxor Annei Lucani fuit, ut dictum eſt
à nobis commodiùs. Compoſuit multa & varia poëmata,
de quibus breviter agendum eſt. Thebaïdem libris XII.
quos conſecravit Cæſ. Domitiano. In hôc opere ſequutus
eſt magnâ ex parte poëtam Antimachum, qui pari argumento maximum atque operoſiſſimum opus reliquit. Neque dubium eſt, poëtam Statium in eo abſolvendo mirâ
ſolertiâ uſum, & incredibili ſtudio per XII. annos. Fate-
tùrque liberé & ingenué, ſe magnopere adjutum à parente
ſuo in pernoſcendâ ac deſcribendâ locorum hiſtoriâ: & à
ſe editum atque publicatum judicio ac monitionibus Junii
Maximi, qui per ea tempora excelluit magnâ eruditione &
eloquentiâ. Deinde aggreſſus eſt ſcribere opus de Achille,
in quo majore ſpiritu, ac longiori carmine parabat exequi
geſta illius atque virtutes: ſed per importunum obitum
minimé potuit inchoatum opus perficere. Quidam exiſti-
mârunt fuiſſe ab eo abſolutum, ac majori ex parte amiſſum
injuriâ temporum. Sylvarum libros quinque edidit, auſ-
picatus à Cæſare Domitiano, qui ſtudium poëticæ quantum
potuit maximè ſimulavit. In his facilè probavit Statius,
quantùm faveret bonis ingeniis, quantùmque amicorum
ſtudiis atque officiis concederet. Idem tamen refert, ſe
diu, multúmque dubitâſſe in his libellis emittendis, qui
ſubito calore, & quâdam feſtinandi voluptate fluxerunt.
De his Apollinaris Sidonius meminit, magnîſque laudibus

proſeprofequitur, non modò in Epiſtolis, ſed in ſuis etiam Hendecaſyllabis,

> *Non quód Papinius tuus meúſque,*
> *Inter Labdaicos ſonat furores :*
> *Aut cùm forté pedum minore rbytbmo*
> *Pingit gemmea prata ſylvularum.*

Inter cæteros amicos præcipuè coluit Attedium Meliorem, Pollium, Septimium, Stellam, Patavinum, & Marcellum Victorium : ad quem Fabius Quintilianus libros ſuos miſit de oratoriâ inſtitutione. Cæſar Domitianus tantum ſtudii atque officiorum demonſtravit erga poëtam Statium, ut eum quandoque ſuſceperit magnifico atque apparatiſſimo convivio. De quo ſcriptum eſt carmen à Statio, adjectâ laudatione principis, quem indulgentiſſimum vocat. Idem Domitianus donavit eum inſigni coronâ, & aliis muneribus atque dignitatibus honeſtavit. Filium amiſit, cùm in tenerâ ætate eſſet : cujus acerbum interitum deflevit pater modeſtiſſimus longiori carmine : ut habetur eo ſylvarum libro, quem Abaſcantio miſit. Minimè dubium eſt, periiſſe Statium provectâ ætate, ut Grammatici noſtri teſtantur. Neque inclinat animus, ut verum eſſe exiſtimem, quod à quibuſdam ſcribitur, fuiſſe illum ſtylo præacuto occiſum à Cæſare Domitiano, cùm tam diligenter, támque officioſè multis ac variis Poëmatis blandiatur principi in extollendis atque aſſiduè celebrandis illius officiis.

EADEM

EADEM EX

LILIO GREGORIO GYRALDO.

POST Baſſum ſequebatur P. Papinius Statius, cujus de patria inter Grammaticos controverſia fuit, uſque ad Domitii tempora, Domitii, inquam, de re literaria bene meriti, qui ſi non ſibi & memoriæ tantum indulſiſſet, multa certe obtrectatores in ejus ſcriptis fruſtra, quæ reprehenderent, perquiſiſſent. Sed de Domitio alias, inquit Piſo, nunc de Statio, qui ab aliquibus Toloſanus, ab aliis ex Sellis, Epiri oppido, ab aliis Neapolitanus dicitur. Tunc ego, Poſtquam me provocas, & Picus attente & libenter hæc audire videtur, cauſam vobis exponam, cur Statio diverſa ſtatuatur Patria. Atque ut rem clarius percipiatis, Patris & Filii vitas vobis paucis recitabo, quas cum alii, tum Pomponius Lætus, & Literarum & antiquitatis, ut ſcitis, bene peritus, pridem Gaſpari Blondi filio conſcripſit, quibuſdam à me pro tempore additis. Sic agas, inquit Picus, & ſimul obticuit. Publius igitur, inquam ego, Papinius Statius pater, Græca & Latina lingua eruditus, ad noviſſimum uſque diem profeſſus eſt, ſummo honore apud Domitianum habitus, à quo etiam eſt auro donatus & corona, digno principe erga præceptorem munere. Primus genus ſuum, propter inopiam & egeſtatem

oblite-

obliteratum, celebritate nominis celebre fecit, adeoque
claruit, ut, quod Homero, ei contigerit; duæ enim urbes,
Sellæ Epirotarum, & Neapolis Campanorum, de ejus na-
tali folo certarunt. Singularis profecto contentio, ex qua
intelligi facile poteft, quanto in pretio tum literæ fuerunt.
Qui vero Tolofanum exiftimarunt, inter quos Danthes fuit,
poëta Hetrufcorum vernaculus, decepti funt alterius Statii
rhetoris patria, cujus meminit Eufebius. Ex Agellina
uxore, quam unicam habuit, & ei fuperftes fuit, P. Papinium Statium genuit, cujus pueritiam ac juventutem lite-
ris fovit, copia, varietateque rerum referfit, & omne ejus
ftudium, quoad vixit, juvit, operaque caftigavit. Annum
agens fexagefimum quintum, inexpergefcibilis fomni mor-
bo, quem lethargum vocamus, periit, cujus mortem Epicedio filius profecutus eft. Multa & profa & carmine
fcripfit, fi filio credimus, fed eorum nihil ad nos pervenit.
Papinius vero filius, juvenis adhuc, Claudiam Claudii
Apollinaris filiam, quæ Tibicini nupta fuerat, & ex eo
filiam genuerat, amoris impatiens, duxit uxorem, cui
tanta, ut ait Pomponius, modeftia & caftitas, amorifque
obfervantia mariti, XX. annis non fraudarit. Deceptum
hoc loco crediderim Pomponium, & eum fecutum Matu-
rantium, nec enim à marito Claudia tandiu abfuit. Erro-
ris, opinor, caufam præftitit, quod parum confiderate
Statii carmen ad Claudiam ipfam examinarunt. Filium
cum ex Claudia uxore nullum haberet, infantem fibi Statius adoptavit, quem præmatura extinctum morte carmine
                                        deflevit.

deflevit. Vergens vero ad fenium Neapolim, communem
ambobus patriam, Claudiam carmine revocavit; ambigitur,
quis fuperftes fuerit. Albano certamine, Domitianus
Cæfar eadem, qua patrem, qui præfens erat, filium corona, ac item agro Albano donavit, bifque auro infignivit,
fplendidoque ac magnifico, cum fenatoribus equitibufque
Romanis convivio fufcepit, id quod carmine poëta, quod
Eucharifticon infcripfit, teftatus eft. Quo fit, ut fabulæ
potius, quam hiftoriæ fimile putem, quod ab aliquibus
proditum eft, Statium præacuto ftilo à Domitiano con-
foffum. Superfunt vero ad hæc ufque tempora hæc Statii
opera, Thebais, ut ipfemet cecinit,

—————— *Multa cruciata lima*

atque idcirco durior & inconcinnior alicubi quibufdam videtur, quam Junii Maximi, viri eloquentiffimi judicio
monituque publicavit. Antimachum argumento tantum
imitatus, nam phrafi ille tumidus & laxus, hic durus &
arctior. Item Achilleïs imperfecta, in qua longe plus doc-
tis quibufdam, quam in Thebaide præftare videtur. Non
defuere etiam, qui Achilleïda ipfam perfectam fuiffe exif-
timarint, fed reliquum, quod deeft, deperditum, ut etiam
diutius Sylvæ fuerunt; alii, quod habemus, integrum effe,
utrique magno, ut puto, acti errore, & manifeftis pridem
argumentis explofi. Proditum eft, cum Achilleïda effet
defcripturus, Crifpinum Vectii Bolani filium, clarum
militia juvenem, fibi propofuiffe. Utranque vero Imperatori

tori Domitiano dicavit. Extant & quinque Sylvarum libri,
ex quibus & vehemens in eo poëmatis genere illius, & pene extemporale ingenium, & subitum calorem, ut ipse
ait, percipere possitis. De quibus quidem Papinii Sylvis
sic Apollinaris in hendecasyllabo, ad Felicem :

At cum forte pedum minore rhythmo
Pingit gemmea prata Sylvularum.

Ex iisdem, inquam, Sylvis & amicos & fortunam, & re-
liquam ipsius poëtæ vitam facile cognoscetis. Scripsisse
præterea tragœdiam à nonnullis existimatur; idque Ju-
venalis innuere videtur, ut mox dicam. Non multum adeo
Statium à suorum temporum Scriptoribus amatum ea ratione colligo, quod ab iis ejus nullam fere mentionem factam
video, præterquam ab Juvenale, qui & illum perstringere
potius Satyrice videtur, quam laudare, ita enim canit in
septima :

Curritur ad vocem jucundam, & carmen amicæ
Thebaidas, lætam fecit cum Statius urbem,
Promisitque diem, tanta dulcedine captos
Afficit ille animos, tantaque libidine vulgi
Auditur, sed cum fregit subsellia versu,
Esurit, intactam Paridi nisi vendat Agaven.

Nec illud in præsentia vobis reticuerim, quod est ab Ali-
gero Danthe, suo carmine proditum, Statium videlicet
Papinium religioni Christianæ addictum fuisse, Christia-
nisque tum laborantibus, ob metum occulte, pro virili

b   opem

opem tuliffe, ne fcilicet fuppliciis cruciatibufque, quibus
tum paffim afficiebantur, agitaretur ipfe. In hanc autem
pietatem & religionem inclinaffe idem poëta innuit, ob eos
Virgilii verfus ex Sibylla,

Jam redit & Virgo, redeunt Saturnia regna,

& reliqua. Sed an Danthes deceptus fit, ut in ejufdem
etiam patria, non vobis facile dixerim, nam & recentiores
alios nonnullos fcriptores in eodem fuiffe errore invenio.
Legitur & epitaphium Statii à Pomponio, ut fertur, condi-
tum, quod referre haud pretium operæ videtur.

GERARDUS JOANNES VOSSIUS,
De Poëtis Latinis cap. III. pag. 45.

STATIUS Papinius Poëta, qui fub Domitiano vixit,
perperam confunditur cum Statio Poëtâ, cognomine
Surculo, qui claruit fub Nerone. De Rhetore funt illa
Hieronymi in Chronico Eufebiano: Olymp. CCIX. an. 1.
(eft is Neronis fecundus) *Statius Surculus Tolofenfis in Galliis
celeberrimè Rhetoricam docet.* Ejus nomen verum ex Suetonii
libello de Claris Rhetoribus fupereft, ubi non Surculus
vocatur, fed Urfulus, uti & in Chronico MSo ad S. Victo-
ris. *Urfi* enim & *Urfuli* familiæ funt nomina, ut ex vett.
infcriptionibus conftat. At Papinius Poëta nec *Urfuli,*

vel

vel *Surculi,* cognomen habuit, nec Tolofenfis fuit, fed
Neapolitanus. Reliquit V. Sylvarum libros, XII. Thebaidos, V. Achilleïdos. In Thebaïda & Achilleïda com-
mentatus Placidus Lactantius; quem neceffe eft poft annum vixiffe quadringentefimum cùm Sedulium citet, The-
odofiani ævi fcriptorem : imò & poft quingentefimum
fuerit, cùm Boëthii meminerit. Et verò commentarius
ejus cento ex Servii, Hygeni Mythologicis, & Aftronomico
Arateo, & quibufdam aliis, quos ad verbum exfcribit.
Eft idem, qui Argumenta reliquit Ovidianæ Metamorpho-
feos. Etfi non ignorem à quibufdam *Lutatium* dici. Prius
nomen agnofcit & Boccacius lib. 1. de Genealogiâ Deorum, pag. 8. *Lactantius, infignis homo, doctúfque, fuper Statium fcribens.* Nec difplicet quòd fufpicantur eafdem videri
gloffas, quæ Placidi dicuntur. Mirum verò Martialem,
cùm adeò celebret Stellam Poëtam, non meminiffe Statii,
tanti amici Stellæ, ut ei miferit primum Sylvarum. Nempe
ab invidiâ id profectum videtur. Non ferebat Martialis
Papinium tantopere in gratiâ effe apud Domitianum, idque
ob extemporalem in carmine felicitatem, quâ Martialis
longè vincebatur. Parum amicum Papinio fuiffe Martialem ex eo colligitur, quòd nunquam æqualis fui meminerit.

P. PAPINII STATII

SYLVARUM

LIBRI QUINQUE.

P. PAPINII STATII

SYLVARUM

LIBER PRIMUS.

STATIUS STELLÆ SUO SALUTEM.

DIU multumque dubitavi, Stella juvenis optime, &
in studiis nostris eminentissime, qua parte voluisti,
an hos libellos, qui mihi subito calore & quadam
festinandi voluptate fluxerunt, cum singuli de sinu meo
prodiissent, congregatos ipse dimitterem. Quid enim opor-
tet hujus quoque authoritate editionis onerari, quod adhuc
pro Thebaide mea (quamvis me reliquerit) timeo? Sed
& Culicem legimus, & Batrachomyomachiam etiam agnos-
cimus. Nec quisquam est illustrium Poëtarum, qui non
aliquid operibus suis stilo remissiore præluserit. Quid?
quod hæc serum erat continere, cum illa vos certe (quo-

rum

rum honori data funt) habǫretis. Sed apud cæteros ne-
cȩffe eft multum illis pereat ex venia, cum amiferint,
quam folam habuerunt, gratiam celeritatis. Nullum
enim ex illis biduo longius tractum: quædam & fingulis
diebus effufa. Quamvis næ.no ne verum iftuc, verfus
quoque ipfi de fe probent. Primus libellus Sacrofanctum
habǫt teftem. Sumendum enim erat à Jove principium.
Cæterum hos verfus, quos in Equum Maximum feci, in-
dulgentiffimo Imperatori poftero die, quam dedicaverat
opus, tradere juffus fum. Potuifti illud (dicet aliquis) &
ante vidiffe. Refpondebis illi tu, Stella cariffime, qui
Epithalamion tuum, quod mihi injunxeras, fcis biduo
fcriptum. Audacter mehercule, fed tamen ccLxxvii hexametros habet. Et fortaffe tu pro collega mentieris?
Manlius certe Vopifcus vir eruditiffimus, & qui præcipue
vindicat à fitu literas jam pæne fugientes, folet ultro quoque nomine meo gloriari, & villam Tiburtinam fuam de-
fcriptam à nobis uno die. Sequitur libellus Rutilio Gal-
lico Valenti dedicatus. De quo nihil dico, ne videar de-
functi teftis occafione mentiri. Nam Claudii Hetrufci
teftimonium eft, qui balneolum à me fuum intra moram
cœnæ recepit. In fine funt Calendæ Decembres, quibus
utique creditur. Noctem enim illam feliciffimam habent,
& voluptatibus publicis inexpertam.

I. EQUUS

i.

EQUUS

MAX. DOMITIANI.

QUÆ super-impofito moles geminata Coloffo
. Stat Latium complexa forum ? Cœlone peractum
Fluxit opus ?   Siculis an conformata caminis
Effigies, laffum Steropem Brontemque reliquit ?
5 An te Palladiæ talem, Germanice, nobis
Effinxere manus, qualem modo frena tenentem
Rhenus, & attoniti vidit domus ardua Daci ?
Nunc age, fama prior notum per fæcula nomen
Dardanii miretur equi, cui vertice facro
10 Dindymon, & cæfis decrevit frondibus Ida ;
Hunc neque difciffis cepiffent Pergama muris,
Nec grege permixto pueri innuptæque puellæ,
Ipfe nec Æneas, nec magnus duceret Hector.
Adde, quod ille nocens, fævofque amplexus Achivos ;
15 Hunc mitis commendat eques : juvat ora tueri
Mixta notis belli, placidamque gerentia pacem.
Nec veris majora putes ; par forma, decorque,
Par honor. exhauftis Martem non amplior armis
                                        Biftonius

Biſtonius portat ſonipes, magnoque ſuperbit
20 Pondere ; nec tardo raptus. prope flumina curſu
Fumat, & ingenti propellit Strymona flatu.
Par operi ſedes. hinc obvia limina pandit,
Qui feſſus bellis, adſcitæ munere prolis,
. Primus Iter noſtris oſtendit in æthera Divis.
25 Diſcitur è vultu quantum tu mitior armis ;
Qui nec in externos facilis ſævire furores
Das Cattis, Dacifque fidem. te figna ferente
Et minor in leges iret gener, & Cato caſtris.
At laterum paſſus hinc Julia teða tuentur,
30 Illinc belligeri ſublimis regia Pauli.
Terga pater, blandoque videt Concordia vultu.
Ipſe autem puro celſum caput aëre ſeptus
Templa ſuperſurges, & proſpeðare videris,
An nova contemptis ſurgant Pallatia flammis
35 Pulcrius : an tacita vigilet face Troïcus ignis,
Atque exploratas jam laudet Veſta miniſtras.
Dextra vetat pugnas : lævam Tritonia virgo
Non gravat, & ſeðæ prætendit colla Meduſæ,
Ceu ſtimulis accendat equum. nec dulcior uſquam
40 Leða deæ ſedes ; nec ſi, Pater, ipſe teneres.
Peðora, quæ mundi valeant evolvere curas,
Et quîs ſe .toties Temeſe dedit hauſta metallis.
It tergo demiſſa chlamys. latus enſe quieto
Securum ; magnus quanto mucrone minatur
45 Noðibus hibernis, & ſidera terret Orion.

At

At fonipes, habitus animofque imitatus equeftres,
Acrius attollit vultus, curfumque minatur :
Cui rigidis ftant colla jubis, vivufque per armos
Impetus ; & tantis calcaribus ilia late
50 Suffectura patent. vacuæ pro cefpite terræ
Ænea captivi crinem terit ungula Rheni.
Hunc & Adraftæus vifum extimuiffet Arion ;
Et pavet afpiciens Ledæus ab æde propinqua
Cyllarus. hic domini nunquam mutabit habenas :
55 Perpetuis frenis, atque uni ferviet aftro.
Vix fola fufficiunt, infeffaque pondere tanto
Subter anhelat humus : nec ferro aut ære laborat,
Sed Genio ; teneat quamvis æternæ crepido,
Quæ fuperingefti portaret culmina montis,
60 Cœliferique attrita genu ducaffet Atlantis.
Nec longæ traxere moræ : juvat ipfa labores
Forma Dei præfens ; operique intenta juventus
Miratur plus poffe manus. ftrepit ardua pulfu
Machina : continuus feptem per culmina montes
65 It fragor, & magnæ vincit vaga murmura Romæ.
Ipfe loci cuftos,. cujus facrata vorago,
Famofufque lacus nomen memorabile fervat,
Innumeros æris fonitus, & verbere crebro
Ut fenfit mugire forum, movet horrida fancto
70 Ora fitu, meritaque caput venerabile quercu.
Ac primum ingentes habitus, lucemque corufcam

Expavit

Expavit majoris equi ; terque ardua merſit
Colla lacu trepidus : lætus mox præſide viſo ;
Salve, magnorum proles genitorque deorum,
75 Auditum longe numen mihi ! nunc mea felix,
Nunc veneranda palus, cum te prope noſſe, tuumque
Immortale jubar vicina ſede tueri
Conceſſum. ſemel auctor ego, inventorque ſalutis
Romuleæ ; tu bella Jovis, tu prælia Rheni,
80 Tu civile nefas, tu tardum in fœdera montem,
Longo Marte domas. quod ſi te noſtra tuliſſent
Sæcula, tentaſſes, me non audente, profundos
Ire lacus : ſed Roma tuas tenuiſſet habenas.
Cedat equus, Latiæ qui contra templa Diones,
85 Cæſarei ſtat ſede fori ; [*quem tradere es auſus*
Pellæo Liſyppe duci, mox Cæſaris ora
Aurata cervice tulit] vix lumine feſſo
Explores, quam longus in hunc deſpectus ab illo.
Quis rudis uſque adeo, qui non ut viderit ambos,
90 Tantum dicat equos, quantum diſtare regentes ?
Non hoc imbriferas hyemes opus, aut Jovis ignem
Tergeminum ; Æolii non agmina carceris horret,
Annorumve moras : ſtabit dum terra, poluſque,
Dum Romana dies. huc & ſub nocte ſilenti,
95 Cum ſuperis terrena placent, tua turba relicto
Labetur cœlo, miſcebitque oſcula juxta :
Ibit in amplexus natus, fraterque, paterque,
Et ſoror : una locum cervix dabit omnibus aſtris.

                                                    Utere

Utere perpetuum populi magnique fenatus
200 Munere: Apelleæ cuperent te fcribere ceræ,
Optaffetque novo fimilem te ponere templo
Atticus Elæi fenior Jovis; & tua mitis
Ora Taras ; tua fidereas imitantia flammas
Lumina, contempto mallet Rhodos afpera Phœbo.
205 Certus ames terras, & quæ tibi templa dicamus
Ipfe colas, nec te cœli juvet aula : tuofque
Lætus huic dono videas dare thura nepotes.

II.

EPITHALAMION STELLÆ ET VIOLANTILLÆ.

UNDE facro Latii fonuerunt carmine montes ?
  Cui Pæan nova plectra moves ? humeroque comanti
Facundum fufpendis ebur ? procul ecce canoro
Demigrant Helicone deæ, quatiuntque novena
5 Lampade folennem thalamis coëuntibus ignem,
Et de Pieriis vocalem fontibus undam.
Quas inter vultu petulans Elegia propinquat,
Celfior affueto; divafque hortatur, & ambit
Alternum factura pedem ; decimamque videri
10 Se cupit, & medias fallit permixta forores.
Ipfa manu nuptam genitrix Æneia ducit

Lumina

Lumina demiffam, & dulci probitate rubentem.
Ipfa toros & facra parat; cinctuque Latino
Diffimulata deam, crinem, vultumque, genafque
15 Temperat, atque nova geftit minor ire marita.
Nofco diem, caufafque facri : te concinit ifte
(Pande fores) te Stella chorus, tibi Phœbus, & Evan,
Et de Mænalia volucer Tegeaticus umbra
Serta ferunt : nec blandus Amor, nec Gratia ceffat
20 Amplexum niveos optatæ conjugis artus,
Floribus innumeris, & olenti fpargere nimbo.
Tu modo fronte rofas, violis modo lilia mixta
Excipis, & dominæ niveis à vultibus obftas.
Ergo dies aderat Parcarum conditus albo
25 Vellere, quo Stellæ Violantillæque profeffus
Clamaretur Hymen. cedant curæque, metufque;
Ceffent mendaces obliqui carminis aftus;
Fama tace : fubiit leges, & frena momordit
Ille folutus amor : confumpta eft fabula vulgi,
30 Et narrata diu viderunt ofcula cives.
Tu tamen attonitus (quamvis data copia tantæ
Noctis) adhuc optas, permiffaque numine dextro
Vota paves. Pone, ô dulcis fufpiria vates,
Pone, tua eft: licet expofitum per limen aperto
35 Ire, redire, gradu : jam nufquam janitor, aut lex,
Aut pudor: amplexu tandem fatiare petito
Conjugis, & duras pariter reminifcere noctes.
Digna quidem merces, & fi tibi Juno labores

                                        Hercu-

Herculeos, Stygiis & si concurrere monstris
40 Fata darent, si Cyaneos raperere per æstus.
Hanc propter justum Pisæa lege trementem
Currere, & Oenomai fremitus audire sequentis.
Nec si Dardania pastor temerarius Ida
Sedisses, hæc dona forent: nec si alma per auras
45 Te potius prensa veheret Tithonia biga.
Sed quæ causa toros, inopinaque gaudia vati
Attulit, hic mecum dum fervent agmine postes,
Atriaque, & multa pulsantur limina virga,
Hic Erato jucunda doce: vacat apta movere
50 Colloquia, & docti norunt audire Penates.
Forte serenati qua stat plaga lactea cœli,
Alma Venus thalamo, pulsa modo nocte, jacebat
Amplexu duro Getici resoluta mariti.
Fulcra, torosque deæ, tenerum premit agmen Amorum:
55 Signa petunt, quas ferre faces, quæ pectora figi
Imperet; an terris sævire, an malit in undis,
An miscere deos, an adhuc vexare Tonantem.
Ipsi animus nondum; nec cordi fixa voluntas:
Fusa jacet stratis, ubi quondam conscia culpæ
60 Lemnia repserunt deprenso vincula furto.
Hic puer è turba volucrum, cui plurimus ignis
Ore, manuque levi nunquam frustrata sagitta,
Agmine de medio, tenera sic dulce profatus,
Voce: (pharetrati pressere silentia fratres:)
65 Scis, ut, mater, ait, nulla mihi dextera segnis

Militia

Militia; quemcunque hominum, divumque dedisti,
Uritur : at tandem lachrymis, & supplice dextra,
Et votis precibusque virûm concede moveri,
O genitrix; duro nec enim ex adamante creati,
70 Sed tua turba sumus. clarus de gente Latina
Est juvenis, uem patritiis majoribus ortum
Nobilitas gavisa tulit, præsagadue formæ
Protinus è nostro posuit cognomina cœlo.
Hunc egomet tota duondam (tibi dulce) pharetra
75 Improbus, & densa trepidantem cuspide fixi.
Quamvis Ausoniis multum gener ille petitus
Matribus, edomui victum, dominæque potentis
Ferre jugum, & longos jussi sperare per annos.
Ast illam summa, leviter (sic namque jubebas)
80 Lampade, parcentes, & inerti strinximus arcu.
Ex illo duantos juvenis premat anxius ignes
Testis ego, attonitus duantum me nocte dieque
Urgentem ferat : haud ulli vehementior unduam
Incubui, genitrix, iterataque vulnera fixi.
85 Vidi ego & immiti cupidum decurrere campo
Hippomenem, nec sic meta pallebat in ipsa :
Vidi & Abydeni juvenis certantia remis
Brachia, laudavique manus, & sæpe natanti
Praluxi : minor ille calor, quo sæva tepebant
90 Æquora. tu veteres, juvenis, transgressus amores :
Ipse ego te tantos stupui durasse per æstus,
Firmavique animos, blandisque madentia plumis
                                        Lumina

Lumina deterfi. quoties mihi queftus Apollo,
Sic vatem mœrere fuum! jam, mater, amatos
95 Indulge thalamos. nofter comes ille, piufque
Signifer armiferos poterat memorare labores,
Claraque facta virum, & torrentes fanguine campos;
Hinc tibi plectra dedit, mitifque incedere vates
Maluit, & noftra laurum fubtexere myrto.
100 Hic juvenum lapfus, fuaque, haud externa revolvit
Vulnera. pro quanta eft Paphii reverentia, mater,
Numinis! hic noftræ deflevit fata Columbæ.
Dixerat: & tenera matris cervice pependit
Blandus, & admotis tepefecit pectora pennis.
105 Illa refert, vultu non afpernata rogari:
Grande quidem, rarumque viris, quos ipfa probavi,
Pierius votum juvenis cupit: hanc ego, formæ
Egregium mirata decus, cui gloria patrum,
Et generis certabat honos, tellure cadentem
110 Excepi, fovique finu; nec colla, genafque
Comere, nec pingui crinem deducere amomo
Ceffavit mea, nate, manus: mihi dulcis imago
Profiluit. celfæ procul afpice frontis honores,
Suggeftumque comæ. Latias, metire, quid ultra
115 Emineat matres. quantum Latonia Nymphas
Virgo premit, quantumque egomet Nereidas exto.
Hæc & cæruleis mecum confurgere digna
Fluctibus, & noftra potuit confidere concha:
Et fi flammiferas potuiffet fcandere fedes,

120 Hafqeu

120 Hasque intrare domos, ipsi erraretis Amores.
     Huic quamvis censtus dederim largita beatos,
     Vincit opes animo. Queritur jam Seras avaros
     Augustum spoliasse nemus, Clymeneaque deesse
     Germina, nec virides satis illachrymare sorores:

125 Vellera Sidonio jam pauca rubescere tabo,
     Raraque longævis nivibus cryftalla gelari.
     Huic Hermum, fulvoque Tagum decurrere limo,
     (Nec satis ad cultus) huic Inda monilia Glaucum
     Proteaque, atque omnem Nereida quærere jussi.

130 Hanc si Thessalicos vidisses Phœbe per agros,
     Erraret Daphne secura. in littore Naxi
     Theseum juxta foret hæc conspecta cubile,
     Gnossida desertam profugus liquisset & Evan.
     Quod nisi me longis placasset Juno quærelis,

135 Falsus huic pennas, & cornua sumeret æthræ
     Rector, in hanc vero cecidisset Juppiter auro.
     Sed dabitur juveni, cui tu, mea summa potestas
     Nate, cupis: thalami quamvis juga ferre secundi
     Sæpe neget mœrens, ipsam jam cedere sensi,

140 Inque vicem tepuisse viro. Sic fata, levavit
     Sidereos artus, thalamique egressa superbum
     Limen, Amiclæos ad frena citavit olores.
     Jungit Amor, lætamque vehens per nubila matrem
     Gemmato temone sedet. Jam Tibridis arces

145 Iliacæ: pandit nitidos domus alta Penates,
     Claraque gaudentes plauserunt limina cycni.

                                        Digna

Digna deæ fedes, nitidis nec fordet ab aftris.
Hic Libycus, Phrygiufque filex, hic dura Laconum
Saxa virent : hic flexus onyx, & concolor alto
150 Vena mari, rupefque nitent, quîs purpura fæpe
Oebalis, & Tyrii moderator livet aheni.
Pendent innumeris faftigia nixa columnis :
Robora Dalmatico lucent fatiata metallo :
Excludunt radios fylvis decuffa vetuftis
155 Frigora : perfpicui vivunt in marmore fontes.
Nec fervat Natura vices : hic Seirius alget,
Bruma tepet, verfumque domus fibi temperat annum.
Exultat vifu, tectifque potentis alumnæ
Non fecus alma Venus, quam fi Paphon æquore ab alto,
160 Idaliafque domos, Erycinaque templa fubiret.
Tunc ipfam folo reclinem affata cubili :
Quonam hic ufque fopor, vacuique modeftia lecti,
O mihi Laurentes inter dilecta puellas ?
Quis morum, fideique modus ? nunquamne virili
165 Submittere jugo ? veniet jam triftior ætas :
Exerce formam, & fugientibus utere donis.
Non ideo tibi tale decus, vultufque fuperbos,
Meque dedi, viduos ut tranfmittare per annos
Ceu non cara mihi : fatis, ô, nimiumque, priores
170 Defpexiffe procos. at enim hic tibi fanguine toto
Deditus, unam omnes inter miratur, amatque,
Nec formæ, nec ftirpis egens. nam docta per urbem
Carmina, qui juvenes, quæ non didicere puellæ ?

Hunc

Hunc & biffenos (fic indulgentia pergat
175 Præfidis Aufonii) cernes attollere fafces
Ante diem : certe jam nunc Cybeleia novit
Limina, & Euboicæ carmen legit ille Sibyllæ.
Jamque parens Latius (cujus prænofcere mentem
Fas mihi) purpureos habitus, Juvenique curule
180 Indulgebit ebur : Dacas (quæ gloria major ?)
Exuvias, laurofque dabit celebrare recentes.
Ergo age, junge toros, atque otia deme juventæ.
Quas ego non mentes, quæ non face corda jugavi ?
Alituum pecudumque mihi, durique ferarum
185 Non renuêre greges : ipfum in connubia terræ
Æthera (cum pluviis rarefcunt nubila) folvo.
Sic rerum feries, mundique revertitur ætas.
Unde novum Trojæ decus, ardentumque deorum
Raptorem, Phrygio fi non ego junæta marito ?
190 Lydius unde meos iteraffet Tybris Iulos ?
Quis feptemgeminæ pofuiffet mœnia Romæ
Imperii Latiale caput, nifi Dardana furto
Cepiffet Martem, nec me prohibente, facerdos ?
His mulcet diætis, tacitumque infpirat amorem
195 Connubii. redeunt animo jam dona, precefque,
Et lacrymæ, vigilefque viri prope limina quæftus,
Afteris & vatis, totam cantata per urbem ;
Afteris ante dapes, noæte Afteris, Afteris ortu,
Quantum non clamatus Hylas. jamque afpera cœpit
200 Fleætere corda libens, & jam fibi dura videri.

Maæte

Maĉte toris, Latios inter placidiſſime vates,

Qui durum permenſus iter, cœptoſque labores,

Prendiſti portus. tumidæ ſic transfuga Piſæ

Amnis, in externos longe flammatus amores,

205 Flumina demerſo trahit intemerata canali ;

Donec Sicanios tandem prolatus anhelo

Ore bibat fontes : miratur dulcia Naïs

Oſcula, nec credit pelago veniſſe maritum.

Quis tibi tunc alacri, cæleſtum munere, clare

210 Stella, dies ? quanto ſalierunt peĉtora voto

Dulcia cum dominæ dexter connubia vultus

Annuit ? ire polo, nitidoſque errare per axes

Viſus. Amyclæis minus exultavit arenis

Paſtor, ad Idæas Helena veniente carinas :

215 Theſſala nec talem viderunt Pelea Tempe,

Cum Thetin Æmoniis Chiron accedere terris

Ereĉto proſpexit equo. quam longa morantur

Sidera ! quam ſegnis votis Aurora maritis !

At procul ut Stellæ thalamos ſenſere parari

220 Latöus vatum pater, & Semeleïus Evan ;

Hic movet Ortygia, movet hic rapida agmina Nyſa ;

Huic Lycii montes, gelidæque umbracula Thymbræ,

Et, Parnaſſe, ſonas ; illi Pangea reſultant,

Iſmaraque, & quondam genialis litora Naxi.

225 Tunc caras iniere fores, comitique canoro

Hic chelyn, hic flavam maculoſo nebrida tergo,

Hic thyrſos, hic pleĉtra, ferunt : hic enthea lauro

Tempora, Minoa crinem premit ille corona.
Vixdum emissa dies, & jam socialia præsto
230 Omina; jam festa fervet domus utraque pompa:
Fronde virent postes, effulgent compita flammis,
Et pars immensæ gaudet celeberrima Romæ.
Omnis honos, cuncti veniunt ad limina fasces:
Omnis plebeio teritur prætexta tumultu:
235 Hic Eques, hic juvenum coetu stola mixta laborat.
Felices utrosque vocant: sed in agmine plures
Invidere viro.   Jamdudum poste reclinis
Quærit Hymen thalamis intactum dicere carmen,
Quo vatem mulcere queat: dat Juno verenda
240 Vincula, & insigni geminat Concordia tæda.
Hic fuit ille dies: noctem canat ipse maritus,
Quantum nosse licet.   Sic victa sopore doloso
Martia fluminea posuit latus Ilia ripa:
Non talis niveos strinxit Lavinia vultus,
245 Cum Turno spectante rubet; non Claudia talis
Respexit populos nota jam virgo carina.
Nunc opus, Aonidum comites, tripodumque ministri,
Diversis certare modis: eat enthea vittis
Atque hederis redimita cohors, ut pollet ovanti
250 Quisque lyra. sed præcipue qui nobile gressu
Extremo fraudatis epos, date carmina festis
Digna toris. hunc ipse, Coo plaudente, Philetas
Callimachusque senex, Umbroque Propertius antro
Ambissent laudare diem; nec tristis in ipsis

255 Naso

255 Nafo Tomis, divefque foco lucente Tibullus.
     Me certe non unus amor, fimplexque canendi
     Caufa trahit : tecum fimiles junctæque Camœnæ
     Stella mihi, multumque pares bacchamur ad aras,
     Et fociam doctis haurimus ab amnibus undam.
260 At te nafcentem gremio mea prima recepit
     Parthenope, dulcifque folo tu gloria noftro
     Reptafti. nitidum confurgat ad æthera tellus
     Euboïs, & pulchra tumeat Sebetos alumna :
     Nec tibi fulfureis Lucrinæ Naïdes antris,
265 Nec Pompeiani placeant magis otia Sarni.
     Eia age, præclaros Latio properate nepotes,
     Qui leges, qui caftra regant, qui carmina ludant.
     Acceleret partu decimum bona Cynthia menfem :
     Sed parcat Lucina precor. tuque ipfe parenti
270 Parce, puer; ne mollem uterum, ne ftantia lædas
     Pectora. cumque tuos tacito Natura receffu
     Formarit vultus, multum de patre decoris,
     Plus de matre feras. At tu, pulcherrima forma
     Italidum, tandem merito poffeffa marito,
275 Vincla diu quæfita fove. fic damna decoris,
     Nulla tibi ; longæ virides fic flore juventæ
     Perdurent vultus, tardeque hæc forma fenefcat.

         D 2   III. VILLA

III.

VILLA TIBURTINA MANLII VOPISCI.

CERNERE facundi Tibur glaciale Vopifci,
    Si quis, & inferto geminos Aniene penates,
Aut potuit fociæ commercia nofcere ripæ,
Certantefque fibi dominum defendere villas;
5 Illum nec calido latravit Sirius aftro,
    Nec gravis afpexit Nemees frondentis alumnus:
Talis hiems tectis, frangunt fic improba folem
Frigora, Pifæoque domus non æftuat anno.
Vifa manu tenera tectum fcripfiffe Voluptas;
10 Tunc Venus Idaliis unxit faftigia fuccis,
Permulfitque comis, blandumque reliquit honorem
Sedibus, & volucres vetuit difcedere natos.
O longum memoranda dies! quæ mente reporto
Gaudia! quam laffos per tot miracula vifus!
15 Ingenium quam mite folo! quæ forma beatis
Arte manus conceffa locis! non largius ufquam
Indulfit Natura fibi. nemora alta citatis
Incubuere vadis; fallax refponfat imago
Frondibus, & longas eadem fugit unda per umbras.
20 Ipfe Anien (miranda fides) infraque, fuperque
Saxeus, hic tumidam rabiem, fpumofaque ponit

                                Murmur,

Murmura, ceu placidi veritus turbare Vopifci
Pierjofque dies, & habentes carmina fomnos.
Littus utrumque domi: nec te mitiffimus amnis
25 Dividit; alternas fervant prætoria ripas
Non externa fibi, fluviumve obftare queruntur.
Seftiacos nunc fama finus, pelagufque natatum
Jactet, & audaci junctos delphinas ephebo:
Hic æterna quies, nullis hic jura procellis,
30 Nufquam fervor aquis. datur hic tranfmittere vifus,
Et voces, & pene manus. fic Chalcida fluctus
Expellunt reflui: fic diffociata profundo
Bruttia Sicanium circumfpicit ora Pelorum.
Quid primum, mediumve canam; quo fine quiefcam?
35 Auratafne trabes, an Mauros undique poftes,
An picturata lucentia marmora vena
Mirer, an emiffas per cuncta cubilia nymphas?
Huc oculis, huc mente trahor. venerabile dicam
Lucorum fenium? te, quæ vada fluminis infra
40 Cernis? an ad filvas quæ refpicis, aula, jacentes?
Qua tibi tota quies, offenfaque turbine nullo
Nox filet, aut teneros invitant murmura fomnos.
An quæ graminea fufcepta crepidine fumant
Balnea, & impofitum ripis algentibus ignem?
45 Quique vaporiferis junctus fornacibus amnis
Ridet anhelantes vicino flumine nymphas?
Vidi artes, Veterumque manus, variifque metalla
Viva modis. labor eft auri memorare figuras,

Aut

Aut ebur, aut dignas digitis contingere gemmas.
50 Quicquid & argento primum vel in ære Myronis
Lufit, & enormes manus eft experta coloffos.
Dum vagor afpectu, vifufque per omnia duco,
Calcabam necopinus opes: nam fplendor ab alto
Defluus, & nitidum referentes aëra teftæ
55 Monftravere folum; varias ubi picta per artes
Gaudet humus fuperare novis afarota figuris.
Expavere gradus. Quid nunc ingentia mirer,
Aut quid partitis diftantia tecta trichoris?
Quid te, quæ mediis fervata penatibus, arbor,
60 Tecta per & poftes liquidas emergis in auras?
Quo non fub domino fævas paffura bipennes?
Et nunc ignaræ forfan vel lubrica Naïs
Vel non abruptos tibi debet Hamadryas annos.
Quid referam alternas gemino fuper aggere menfas,
65 Albentefque lacus, altofque in gurgite fontes?
Teque per obliquum penitus quæ laberis amnem,
Marcia, & audaci tranfcurris flumina plumbo?
Non folum Ioniis fub fluctibus Elidis amnem
Dulcis ad Ætnæos deducit femita portus.
70 Illis ipfe antris Anienus fonte relicto,
Nocte fub arcana glaucos exutus amictus,
Huc illuc fragili profternit pectora mufco:
Aut ingens in ftagna cadit, vitreafque natatu
Plaudit aquas: illa recubat Tiburnus in umbra,
75 Illic fulfureos cupit Albula mergere crines.

Hæc

Hæc domus, Ægeriæ Nemoralem abjungere Phœben,
Et Dryadum viduare choris algentia poffit
Taygeta, & filvis arceffere Pana Lycæis.
Quod ni templa darent alias Tirynthia fortes,

30 Et Prænestinæ poterant migrare forores.
Quid bifera Alcinoi laudem pomaria? vofque,
Qui nunquam vacui prodiftis in æthera, rami?
Cedant Telegoni, cedant Laurentia Turni
Jugera, Lucrinæque domus, littufque cruenti

35 Antiphatæ: cedant vitreæ juga perfida Circes
Dulichiis ululata lupis, arcefque fuperbi
Anxuris, & fedes Phrygio quas mitis alumno
Debet anus: cedant quæ te, jam folibus arctis,
Antia nimbofa revocabunt littora bruma.

90 Scilicet hic illi meditantur pondera mores:
Hic premitur fœcunda quies, virtufque ferena
Fronte gravis, fanufque decor, luxuque carentes
Deliciæ, quas ipfe fuis digreffus Athenis
Mallet deferto fenior Gargettius horto.

95 Hæc per & Ægeas hiemes, Pliadumque nivofum
Sidus, & Oleniis dignum petiiffe fub aftris.
Si Maleæ credenda ratis, Siculofque per æftus
Sit via, cur oculis fordet vicina voluptas?
Hic tua Tiburtes Faunos chelys, & juvat ipfum

100 Alciden, dictumque lyra majore Catillum:
Seu tibi Pindaricis animus contendere plectris,
Sive chelyn tollas Heroa ad robora, five

                                        Liventem

Liventem Satiram nigra rubigine turbes :
Seu tibi non alta fplendefcat Epiftola cura.
105 Digne Midæ, Crœfique bonis, & Perfide gaza,
Macte bonis animi ! cujus ftagnantia rura
Debuit & flavis Hermus tranfcurrere ripis,
Et limo fplendente Tagus. fic docta frequentes
Otia ; fic omni detectus pectora nube
110 Finem Neftoreæ precor egrediare fenectæ.

IV.

SOTERIA RUTILII GALLICI.

ESTIS, io Superi, nec inexorabile Clotho
    Volvit opus : videt alma pios Aftræa, Jovique
Conciliata redit ; dubitataque fidera cernit
Gallicus. Es cælo, Dîs es, Germanice, cordi,
5 Quis neget ? erubuit tanto fpoliare miniftro
Imperium Fortuna tuum. ftat proxima cervix
Ponderis immenfi, damnofaque fila fenectæ
Exuit, atque alios melior revirefcit in annos.
Ergo alacres, quæ figna colunt urbana, cohortes,
10 Inque finum quæ fæpe tuum fora turbida queftu
Confugiunt, legefque, urbefque ubicunque togatæ
Quæ tua longinquis implorant jura querelis,
Certent lætitia ; noffeque ex ordine collis

                              Confremat,

Confremat, & fileant pejoris murmura famæ :
15 Quippe manet, longumque ævo redeunte manebit,
Quem penes intrepidæ mitis cuftodia Romæ.
Nec tantum induerint fatis nova fæcula crimen,
Aut inftaurati peccaverit ara Terenti.
Aft ego nec Phœbum (quanquam mihi furda fine illo
20 Plectra) nec Àonias decima cum Pallade divas,
Aut mitem Tegeæ, Dircefve hortabor alumnum ;
Ipfe veni, virefque novas animumque miniftra,
Qui caneris : dextro nec enim fine numine tantus
Aufoniæ decora ampla togæ, centumque dedifti
25 Judicium mentemque, viris. licet enthea vatis
Excludat Pimplea fitim, nec confcia detur
Pirene, largos potior mihi gurges in hauftus
Qui rapitur de fonte tuo : feu plana folutis
Cum ftruis orfa modis, feu cum tibi dulcis in artem
30 Frangitur, & noftras curat facundia leges.
Quare age, fi Cereri fua dona merumque Lyæo
Reddimus, & dives prædæ, tamen accipit omni
Exuvias Diana tholo, captivaque tela
Bellipotens ; nec tu, quando tibi, Gallice, majus
35 Eloquium, fandique opibus fublimis abundas,
Sperne coli tenuiore lyra. vaga cingitur aftris
Luna, & in oceanum rivi cecidere minores.
Quæ tibi follicitus perfolvit præmia morum
Urbis amor ? quæ tum Patrumque Equitumque notavi
40 Lumina, & ignaræ plebis lugere potentes ?

Non labente Numa timuit sic curia felix,
Pompeio nec celfus eques, nec femina Bruto.
Hoc illud; triftes invitum audire catenas,
Parcere verberibus, nec qua jubet alta poteftas.

45 Ire, sed armatas multum sibi demere vires,
Dignarique manus humiles, & verba precantum;
Reddere jura foro, nec proturbare curules,
Et ferrum mulcere toga. sic itur in alta
Pectora, sic mixto reverentia fidit amori.

50 Ipfa etiam cunctos gravis inclementia fati
Terruit, & fubiti præceps juvenile pericli,
Nil cunctante malo. non illud culpa fenectæ,
(Quippe ea biffenis vix dum orfa excedere luftris)
Sed labor intendens, animique in membra vigentis.

55 Imperium, vigilefque fuo pro Cæfare curæ,
Dulce opus. hinc feffos penitus fubrepfit in artus
Infidiofa quies, & pigra oblivia vitæ.
Tunc Deus, Alpini qui juxta culmina dorfi
Signat Apollineo fanctos cognomine lucos

60 Refpicit, heu tanti pridem fecurus alumni
Perpeffufque moras: Huc mecum, Epidauria proles,
Huc, altis gaudens; datur aggredienda facultas
Ingentem recreare virum: teneamus adorti
Tendentes jam fila colos: nec fulminis atri

65 Sit metus; has ultro laudabit Juppiter artes:
Nam neque plebeiam, aut dextro fine numine cretam
Servo animam, atque adeo, breviter, dum tecta fubimus,
                                    Expediam.

Expediam. genus ipfe fuis, præmiffaque retro
Nobilitas : nec origo latet, fed luce fequente
70 Vincitur, & magno gaudet ceffiffe nepoti.
Prima togæ virtus : illa quoque clarus, & ingens
Eloquio : mox innumeris exercita caftris,
Occiduas, primafque domos, & fole fub omni
Promeruit jurata manus. nec in otia pacis
75 Permiffum laxare animos, ferrumque recingi :
Hunc Galatia vigens aufa eft inceffere bello :
Hunc quoque perque novem timuit Pamphylia meffes,
Pannoniufque ferox, arcuque horrenda fugaci
Armenia, & patiens Latii jam pontis Araxes.
80 Quid geminos fafces, magnæque iterata revolvam
Jura Afiæ? velit illa quidem ter habere, quaterque
Hunc fibi ; fed revocant fafti majorque curulis,
Nec promiffa femel. Libyci quid mira tributi
Obfequia, & miffum media de pace triumphum
85 Laudem, & opes quantas nec qui mandaverat aufus
Expeftare fuit? gaudet Trafimenus & Alpes
Cannenfefque animæ : primufque infigne tributum
Ipfe palam lacera pofcebat Regulus umbra.
Non vacat Arftoas acies, Rhenumque rebellem,
90 Captivæque preces Veledæ, & (quæ maxima nuper
Gloria) depofitam Dacis pereuntibus arcem
Pandere ; cum tanti, leftus, reftoris habenas
Gallice, Fortuna non adverfante, fubifti.
Hunc igitur (fi digna loquor) rapiamus iniquo
          E 2   Nate,

95 Nate, Jovi. rogat hos Latiæ pater inclytus urbis :
    Et meruit (neque enim fruſtra mihi nuper honore
    Carmina patritio pueri fonuiſtis in oſtro)
    Si qua falutifero gemini Chironis in antro
    Herba, tholo quodcunque tibi Trojana recondit
100 Pergamus, aut medicis felix Epidaurus arenis
    Educat ; Idæa profert quam Creta fub umbra
    Diſtamni florentis opem, quoque anguis abundat
    Spumatu. jungam ipfe manus, atque omne benignum
    Virus, odoriferis Arabum quod doſtus in arvis,
105 Aut Amphryſiaco paſtor de gramine carpſi.
    Dixerat : inveniunt pofitos jam fegniter artus,
    Pugnantemque animam. ritu fe cingit uterque
    Pæonio, monſtrantque fimul, parentque volentes ;
    Donec letiferas vario medicamine peſtes,
110 Et fuſpeſta mali ruperunt nubila fomni.
    Adjuvat ipfe Deos, morboque valentius omni
    Occupat auxilium. citius non arte refeſtus
    Telephus Æmonia ; nec quæ metuentis Atridæ
    Sæva Machaonio coïerunt vulnera fucco.
115 Quis mihi, tot queſtus inter populique patrumque,
    Sit curæ, votique locus ? tamen ardua teſtor
    Sidera, teque, pater vatum Thymbræe, quis omni .
    Luce mihi, quis noſte timor ; dum poſtibus hærens
    Affiduus, nunc aure vigil, nunc lumine, cunſta
120 Aucupor. immenfæ veluti connexa carinæ
    Cymba minor, cum fævit hyems, pro parte, furentes

                                   Parva

Parva receptat aquas, & eodem volvitur Austro.
Nectite nunc lætæ candentia fila sorores,
Nectite : nemo modum transmissi computet ævi,
125 Hic vitæ natalis erit. tu Troïca dignus
Sæcula, & Euboïci transcendere pulveris annos,
Nestoreosque situs. Qua nunc tibi pauper acerra
Digna litem ? nec si vacuet Mevania valles,
Aut præstent niveos Clitumna novalia tauros,
130 Sufficiam. sed sæpe Deis hos inter honores
Cespes, & exiguo placuerunt farra salino.

V.

BALNEUM CLAUDII ETRUSCI.

NON Helicona gravi pulsat chelys enthea plectro,
  Nec lassata voco toties mihi numina Musas.
Et te, Phœbe, choris, & te dimittimus Evan :
Tuque inimica feræ, volucer Tegeæe, sonoræ
5 Terga premas : alios poscunt mea carmina cœtus.
Naïdas undarum dominas, regemque corusci
Ignis, adhuc fessum, Siculaque incude rubentem
Elicuisse satis. paulum arma nocentia, Thebæ,
Ponite ; dilecto volo lascivire sodali.
10 Junge puer cyathos, sed ne numerare labora,
  Cunctantemque intende chelyn : discede, laborque
                                    Curaque,

Curaque, dum nitidis canimus gemmantia faxis
Balnea ; dumque procax, myrtis ederifque foluta
Fronte, verecundo Clio mea ludit Etrufco.
15 Ite, deæ virides, liquidofque advertite vultus,
Et vitreum teneris crimen redimite corymbis,
Vefte nihil tectæ : quales emergitis altis
. Fontibus, & vifu Satyros torquetis amantes.
Non vos quæ culpa decus infamaftis aquarum
20 Sollicitare juvat : procul hinc, & fonte dolofo
Salmacis, & viduæ Cebrenidos arida luctu
Flumina, & Herculei prædatrix cedat alumni.
Vos mihi quæ Latium, feptenaque culmina Nymphæ
Incolitis, Tybrimque novis attollitis undis,
25 Quas præceps Anien, atque exceptura natatus
Virgo juvat, Marfafque nives & frigora ducens
Marcia, præcelfis quarum vaga molibus unda
Crefcit, & innumero pendens tranfmittitur arcv,
Veftrum opus aggredimur; veftra eft quam carmine molli
30 Pando domus. non unquam aliis habitaftis in antris
Ditius. ipfa manus tenuit Cytherea mariti,
Monftravitque artes : neu vilis flamma caminos
Ureret, ipfa faces volucrum fuccendit Amorum.
Non huc admiffæ Thafos, aut undofa Caryftos ;
35 Moeret onyx longe, queriturque exclufus ophites :
Sola nitet flavis Nomadum decifa metallis
Purpura, fola cavo Phrygiæ quam Synnados antro
Ipfe cruentavit maculis liventibus Attys :

Quafque

Quafque Tyrus niveas fecat, & Sidonia rupes.
40 Vix locus Eurotæ, viridis cum regula longo
Synnada diftinctu variat. non limina ceffant,
Effulgent cameræ, vario faftigia vitro
In fpecies animofque nitent. ftupet ipfe beatas
Circumplexus opes, & parcius imperat ignis.
45 Multus ubique dies, radiis ubi culmina totis
Perforat, atque alio fol improbus uritur æftu.
Nil ibi plebeium : nufquam Temefæa notabis
Æra ; fed argento felix propellitur unda,
Argentoque cadit, labrifque nitentibus inftat
50 Delicias mirata fuas, & abire recufat.
Extra autem niveo qui margine cœrulus amnis
Vivit, & in fummum fundo patet omnis ab imo,
Cui non ire lacu, pigrofque exolvere amictus
Suadeat ? hoc mallet nafci Cytherea profundo ;
55 Hic te perfpicuum melius, Narciffe, videres ;
Hic velox Hecate velit & deprenfa lavari.
Quid nunc ftrata'folo referam tabulata, crepantes
Auditura pilas, ubi languidus ignis inerrat
Ædibus, & tenuem volvunt hypocaufta vaporem ?
60 Nec fi Baianis veniat novus hofpes ab oris,
Talia defpiciat ; (fas fit componere magnis
Parva) Neronea nec qui modo lotus in unda,
Hic iterum fudare neget. Macte, oro, nitenti
Ingenio, curaque, puer : tecum ifta fenefcant,
Et tua jam melior difcat fortuna renafci.

VI. CAL.

VI.

CAL. DECEMBRES [SATURNALES.]

ET Phœbus Pater, & severa Pallas,
 Et Musæ procul ite feriatæ :
Jani vos revocabimus Calendis.
Saturnus mihi compede exoluta,
5 Et multo gravidus mero December,
Et ridens Jocus, & Sales protervi
Adfint, dum refero diem beatam
Læti Cæsaris, ebriamque noctem.
Vix Aurora novos movebat ortus,
10 Jam bellaria adorea pluebant.
 * Hunc rorem veniens profudit Eos.
Quicquid nobile Ponticis nucetis,
Fœcundis cadit aut jugis Idumes,
Quod ramis pia germinat Damascus,
15 Et quod percoquit Ebosia cannis,
Largis gratuitum cadit rapinis.
Molles caseoli, lucunculique,
Et massis Amerina non perustis,
Et mustaceus, & latente palma
20 Prægrandes caryotides cadebant.
Non tantis Hyas inserena nimbis

Terras

Terras obruit, aut foluta Pleias,
Quali per cuneos hiems Latinos
Plebem grandine concutit fedentem.

25 Ducat nubila Juppiter per orbem,
Et lætis pluvias minetur agris,
Dum noftri Jovis hi ferantur imbres.
Ecce autem caveas fubit per omnes,
Infignis fpecie, decora cultu

30 Plebes altera, non minor fedente.
Hi panaria, candidafque mappas
Subvectant, epulafque lautiores;
Illi marcida vina largiuntur:
Idæos totidem putes miniftros.

35 Orbem, qua melior feveriorque eft,
Et gentes alis infimul togatas;
Et cum tot populos beata pafcas,
Hunc, Annona, diem fuperba nefcis.
I nunc fæcula compara, Vetuftas,

40 Antiqui Jovis, Aureumque tempus:
Non fic libera vina tunc fluebant,
Nec tantum feges occupabat annum.
Una vefcitur omnis ordo menfa,
Parvi, Femina, Plebs, Eques, Senatus.

45 Libertas reverentiam remifit.
Et tu quin etiam (quis hoc rogare
Quis promittere poffet hoc Deorum?)
Nobifcum focias dapes inifti.

Jam se (quisquis is est) inops, beatus
50 Convivam ducis esse gloriatur.
   Hos inter fremitus, novosque luxus,
   Spectandi levis effugit voluptas.
   Stat sexus rudis, insciusque ferri,
   Et pugnas capit improbus viriles.
55 Credas ad Tanaim, serumve Phasin,
   Thermodontiacas calere turmas.
   Hic audax subit ordo pumilonum,
   Quos Natura brevi statu peractos
   Nodosum semel in globum ligavit.
60 Edunt vulnera, conferuntque dextras,
   Et mortem sibi (qua manu!) minantur.
   Ridet Mars pater, & cruenta Virtus:
   Casuræque vagis grues rapinis,
   Mirantur pumilos ferociores.
65 Jam noctis propioribus sub umbris
   Dives sparsio quos agit tumultus!
   Huc intrant faciles emi puellæ:
   Hic agnoscitur omne quod theatris
   Aut forma placet, aut probatur arte.
70 Hoc plaudunt grege Lydiæ tumentes,
   Illo cymbala, tinnulæque Gades:
   Illic agmina confremunt Syrorum,
   Hic plebs scenica, quæque comminutis
   Permutat vitreis gregale sulfur.
75 Inter quæ, subito cadunt volatu

                                    Immensæ

Immensæ volucrum per astra nubes,
Quas Nilus sacer, horridusque Phasis,
Quas udo Numidæ legunt sub Austro.
Defunt qui rapiant; sinusque pleni
80 Gaudent, dum nova lucra comparantur.
Tollunt innumeras ad astra voces,
SATURNALIA PRINCIPIS fonantes;
Et dulci DOMINUM favore clamant:
Hoc solum vetuit licere Cæsar.
85 Vixdum cœrula nox subibat orbem,
Descendit media nitens arena
Densas flammeus orbis inter umbras,
Vincens Gnosiacæ facem coronæ.
Collucet polus ignibus, nihilque
90 Obscuræ patitur licere nocti.
Fugit pigra Quies; inersque Somnus
Hæc cernens, alias adivit urbes.
Quis spectacula, quis jocos licentes,
Quis convivia, quis dapes inemptas,
95 Largi flumina quis canat Lyæi?
Jamjam deficio, tuoque Baccho
In serum trahor ebrius soporem.
Quos ibit procul hic dies per annos!
Quam nullo sacer exolescet ævo!
100 Dum montes Latii, paterque Tybris,
Dum stabit tua Roma, dumque terris
Quod reddis Capitolium, manebit.

F 2   P. PAPI-

P. PAPINII STATII

SYLVARUM

LIBER SECUNDUS.

AD MELIOREM ATEDIUM.

ET familiaritas noftra, qua gaudeo, Melior vir optime, nec minus in judicio literarum, quam in omni vitæ colore terfiffime, & ipfa opufculorum quæ
tibi trado conditio fic pofita eft, ut totus hic alter liber
5 meus etiam fine epiftola expectetur. Primum enim habet
Glauciam noftrum, cujus gratiffimam infantiam, & qualem plerumque infelices fortiuntur, apud te complexus
amabam. Jam vero tibi hujus amiffi recens vulnus (ut
fcis) Epicedio profecutus fum, adeo feftinanter, ut ex-
10 cufandam habuerim affectibus tuis celeritatem. nec nunc
eam apud te jacto, qui nofti, fed & ceteris indico; ne
quis

quis asperiore lima carmen examinet, & a confuso scrip-
tum, & dolenti datum; cum pene supervacua sint tarda
solatia. Pollii mei Villa Surrentina quæ sequitur, debuit
a me vel in honorem eloquentiæ ejus diligentius dici : 15
sed amicus ignovit. In arborem certe tuam, Melior, &
Psittacum, scis a me leves libellos quasi epigrammatis
loco scriptos. Eandem exigebat stili facilitatem Leo
mansuetus, quem in Amphitheatro prostratum, frigidum
erat sacratissimo Imperatori ni statim traderem. Ad 20
Ursum quoque nostrum, juvenem candidissimum, & sine
jactura desidiæ doctissimum, scriptam de puero amisso
Consolationem, super ea, quæ ipsi debeo, huic libro
libenter inserui, quia honorem ejus tibi laturus acceptum.
Excludit volumen Genethliacon Lucani, quod Polla 25
Argentaria carissima uxorum, cum hunc diem forte con-
secraremus, imputari sibi voluit. Ego non potui majorem
tanti autoris habere reverentiam, quam quod laudes ejus
dicturus hexametros meos timui. Hæc qualiacunque
sunt, Melior carissime, si tibi non displicuerint, a te 30
publicum accipiant; sin minus, ad me revertantur.

I. GLAU-

I.

GLAUCIAS ATEDII MELIORIS
DELICATUS.

QUOD tibi præerepti, Melior, folamen alumni,
   Improbus ante rogos, & adhuc vivente favilla
Ordiar? abruptis etiamnum flebile venis
Vulnus hiat, magnæque patet via lubrica plagæ.
5 Cum jam egomet cantus, & verba medentia fævus
Confero, tu planctus, lamentaque fortia mavis,
Odiftique chelyn, furdaque averteris aure.
Intempefta cano: citius me tigris abactis
Fœtibus, orbatique velint audire leones.
10 Nec fi tergeminum Sicula de virgine carmen
Affluat, aut filvis chelys intellecta, ferifque,
Mulceat infanos gemitus. ftat pectore demens
Luctus, & admoto latrant præcordia tactu.
Nemo vetat: fatiare malis, ægrumque dolorem
15 Libertate doma. jam flendi expleta voluptas?
Jamne preces feffus non indignaris amicas?
Jamne canam? lacrimis en & mea carmina in ipfo
Ore natant, triftefque cadunt in verba lituræ.

                                      Ipfe

Ipfe etenim tecum nigræ folennia pompæ,
20 Spectatumque urbi fcelus, & puerile feretrum
Produxi : & fævos damnati thuris acervos,
Plorantemque animam fupra fua funera vidi :
Teque patrum gemitus fuperantem, & brachia matrum,
Complexumque rogos, ignemque haurire parantem
25 Vix tenui fimilis comes, offendique tenendo.
Et nunc (heu) vittis, & frontis honore foluto,
Infauftus vates, vexo mea pectora tecum :
Plango lyra ; & diri comitem fociumque doloris
(Si merui, luctufque tui confortia fenfi)
30 Jam lenis patiare precor. me fulmine in ipfo
Audivere patres : ego juxta bufta profufis
Matribus, atque piis cecini folatia natis,
Et mihi; cum proprios gemerem defectus ad ignes
(Quem, Natura!) patrem. nec te lugere feverus
35 Arceo, fed confer gemitus, pariterque fleamus.
Jamdudum dignos aditus, laudumque tuarum
O merito dilecte puer, primordia quærens
Diftrahor. hinc anni ftantes in limine vitæ,
Hinc me forma rapit, rapit inde modeftia præcox,
40 Et pudor, & tenero probitas maturior ævo.
O ubi purpureo fuffufus fanguine candor,
Sidereique orbes, radiataque lumina cælo,
Et caftigatæ collecta modeftia frontis,
Ingenuique fuper crines, mollifque decoræ
45 Margo comæ? blandis ubinam ora arguta querelis,

                                              Ofcula-

Osculaque implicliti vernos redolentia flores,
Et mixtæ rifu lacrimæ, penitufque loquentis
Hyblæis vox tincta favis? cui fibila ferpens
Poneret, & fævæ vellent fervire novercæ.
50 Nil veris affingo bonis. ubi lactea colla,
Brachiaque & nunquam domini fine pondere cervix?
O ubi venturæ fpes non longinqua juventæ,
. Atque genis optatus honos, jurataque multum
Barba tibi? cuncta in cineres gravis intulit hora,
55 Hoftilifque dies: nobis meminiffe relictum.
Quis tua colloquiis hilaris mulcebit amatis
Pectora? quis curas, mentifque arcana remittet?
Accenfum quis bile fera, famulifque tumentem
Leniet, ardentique in fe deflectet ab ira?
60 Inceptas quis ab ore dapes, libataque vina
Auferet, & dulci turbabit cuncta rapina?
Quis matutinos abrumpet murmure fomnos
Impofitus ftratis, abitufque morabitur arctis
Nexibus, aque ipfo revocabit ad ofcula pofte?
65 Obvius intranti rurfus quis in ora, manufque,
Profiliet, brevibufque humeros circundabit ulnis?
Muta domus pariter defolatique penates,
Et fitus in thalamis, & mœfta filentia menfis.
Quid mirum, tanto fi te pius altor honorat
70 Funere? tu domino requies, portufque feneĉtæ;
Tu modo deliciæ, dulces modo pectore curæ.
Non te barbaricæ verfabat turbo cataftæ,

Nec

Nec mixtus Phariis venalis mercibus infans,
Compositofque fales, meditataque verba locutus
75 Quæfifti lafcivus herum, tardeque parafti :
Hinc domus, hinc ortus ; dominique penatibus olim
Carus uterque parens, atque in tua gaudia liber,
Ne quererere genus. raptum te protinus alvo
Suftulit exultans, ac prima lucida voce
80 Aftra falutantem dominus fibi mente dicavit,
Amplexufque finu tulit, & genuiffe putavit.
Fas mihi fanctorum venia dixiffe parentum,
Tuque oro, Natura, finas, cui prima per orbem
Jura animis fociare datum ; non omnia fanguis
85 Proximus, aut ferie generis demiffa propago,
Alligat : interius nova fæpe, adfcitaque ferpunt
Pignora connexis. natos genuiffe neceffe eft,
At legiffe juvat. tenero fic blandus Achilli
Semifer Æmonium vincebat Pelea Chiron.
90 Nec genitor Peleus natum comitatus in arma
Troïca, fed caro Phœnix hærebat alumno.
Optabat longe reditus Pallantis ovantes
Evander, fidus pugnas fpectabat Acœtes.
Cumque procul nitidis genitor ceffaret ab aftris,
95 Fluctivagus volucrem comebat Perfea Dictys.
Quid referam altricum victos pietate parentes ?
Quid te poft cineres, deceptaque funera matris
Tutius Inoo reptantem pectore, Bacche ?
Jam fecura parens Thufcis regnabat in undis

100 Ilia, portantem laffabat Romulus Accam.
 Vidi ego tranfertos alieno in robore ramos,
 Altius ire fuis. Et te jam fecerat illi
 Mens, animufque patrem; nec dum morefve, decorve:
 Tu tamen & mutas etiam tum murmure voces,
105 Vagitumque rudem, fletufque infantis amabas.
 Ille, velut primos expiraturus ad Auftros
 Mollibus in pratis alte flos improbus extat,
 Sic tener, ante diem, vultu greffuque fuperbo
 Vicerat æquales, multumque reliquerat annos.
110 Sive catenatis curvatus membra palæftris
 Staret, Amyclæa conceptum matre putares;
 Oebaliden illo præceps mutaret Apollo,
 Alcides penfaret Hylan: feu Graius amictu
 Attica facundi decurreret orfa Menandri,
115 Laudaret gavifa fonum, crinemque decorum
 Fregiffet rofea lafciva Thalia corona:
 Mæonium five ille fenem, Trojæque labores
 Diceret, aut cafus tarde remeantis Ulixi;
 Ipfe pater fenfus, ipfi ftupuere magiftri.
120 Scilicet infaufta Lachefis cunabula dextra
 Attigit, & gremio puerum complexa fovebat
 Invidia. illa genas, & adultum comere crinem,
 Et monftrare artes, & verba refringere, quæ nunc
 Plangimus. Herculeos annis æquare labores
125 Cœperat affurgens, & adhuc infantia juxta;
 Jam tamen & validi greffus, menfuraque major

Cultibus;

Cultibus; & visæ puero decrescere vestes.
Cum tibi, quas vestes, quæ non gestamina mitis
Festinabat herus? brevibus constringere lænis
130 Pectora, & angusta telas arctare laberna.
Enormes non ille sinus, sed semper ad annos
Texta legens, modo Puniceo velabat amictu,
Nunc herbas imitante sinu, nunc dulce rubenti
Murice, nunc vivis digitos incendere gemmis
135 Gaudebat. non turba comes, non munera cessat
Sola verecundo deerat prætexta decori.
Hæc fortuna domus: subitas inimica levavit
Parca manus. quo diva feros gravis exeris ungues?
Non te forma movet? non te lacrimabilis ætas?
140 Hunc nec sæva viro potuisset carpere Procne,
Nec fera crudeles Colchis durasset in iras,
Editus Æolia nec si foret iste Creusa,
Torvus ad hunc Athamas insanos flecteret arcus.
Hunc, quamquam Hectoreos cineres, Trojamque perosus,
145 Turribus e Phrygiis flesset missurus Ulixes.
Septima lux: & jam frigentia lumina torpent,
Jam complexa manu crinem tenet Isera Juno.
Ille tamen, Parcis fragiles urgentibus annos,
Te vultu moriente videt, linguaque cadente
150 Murmurat: in te omnes vacui jam pectoris efflat
Relliquias: solum meminit, solumque vocantem
Exaudit: tibique ora movet, tibi verba relinquit,
Et prohibet gemitus, consolaturque dolentem.
                    G 2   Gratum

Gratum est, Fata, tamen, quod non mors lenta jacentis
155 Exedit puerile decus, manusque subivit
Integer, & nullo temeratus corpora damno,
Qualis erat. Quid ego exequias, & prodiga flammis
Dona loquar, mœstoque ardentia funera luxu ?
Quod tibi purpureo tristis torus aggere crevit :
160 Quod Cilicum flores, quod munera graminis Indi,
Quodque Arabes, Phariique, Palæstinique liquores
Arsuram lavere comam. cupit omnia ferre
Prodigus, & totos Melior succendere census,
Desertas exosus opes : sed non capit ignis
165 Invidus, atque artæ desunt in munera flammæ.
Horror habet sensus : qualem te funere summo,
Atque rogum juxta, Melior placidissime quondam,
Extimui ! tunc ille hilaris, comisque videri ?
Unde animi, sævæque manus, & barbarus horror ?
170 Tu modo fusus humi, lucem aversaris iniquam ;
Nunc torvus, pariter vestes & pectora rumpis,
Dilectosque premis visus, & frigida libas
Oscula. erant illic genitor, materque jacentis
Mœsta ; sed attoniti te spectavere parentes.
175 Quid mirum ? plebs cuncta nefas, & prævia flerunt
Agmina, Flaminio quæ limite Milvius agger
Transvehit, immeritus flammis dum tristibus infans
Traditur, & gemitum formaque ævoque meretur.
Talis in Isthmiacos prolatus ab æquore portus
180 Naufragus imposita jacuit sub matre Palæmon :
Sic & in anguiferæ ludentem gramine Lernæ

Præci-

Præcifum fquammis avidus bibit anguis Ophelten.
Pone metus, letique minas defifte vereri:
Illum nec terno latrabit Cerberus ore,
185 Nulla foror flammis, nulla affurgentibus hydris
Terrebit. quin ipfe avidæ trux navita cymbæ
Interius fteriles ripas, & adufta fubibit
Litora, ne puero dura afcendiffe facultas.
Quid mihi gaudenti proles Cyllenia virga
190 Nuntiat? eftne aliquid tam fævo in tempore lætum?
Noverat effigiem, generofique ardua Blæfi
Ora puer, dum fæpe domi nova ferta ligantem
Te videt, & fimiles volventem pectore curas.
Hunc ubi Lethæi luftrantem gurgitis oras
195 Aufonios inter proceres feriemque Quirini
Agnovit, timide primum veftigia jungit
Acceffu tacito, fummofque laceffit amictus:
Inde magis fequitur; neque enim magis ille trahentem
Spernit, & ignota credit de ftirpe nepotum.
200 Mox ubi delicias, & rari pignus amici
Senfit, & amiffi puerum folatia Blæfi;
Tollit humo, magnaque ligat cervice, diuque
Ipfe manu gaudens vehit; &, quæ munera mollis
Elyfii, fteriles ramos, mutafque volucres
205 Pôrxit, & obtufo pallentes germine flores.
Nec prohibet meminiffe tui; fed pectora blandus
Mifcet, & alternum puero partitur amorem.
Hic finis rapto. quin tu jam vulnera fedas,

Et

     Et tollis mersum luctu caput? omnia functa,
210 Aut moritura vides. obeunt noctesque, diesque,
     Astraque, nec solidis prodest sua machina terris.
     Nam populos, mortale genus, plebisque caducæ
     Quis fleat interitus? Hos bella, hos æquora poscunt:
     His amor exitio, furor his, & sæva cupido;
215 Ut sileam morbos. hos ora rigentia Brumæ,
     Illos implacido letalis Sirius igni,
     Hos manet imbrifero palleas Autumnus hiatu.
     Quicquid habent ortus, finem timet. ibimus omnes,
     Ibimus: immensis urnam quatit Æacus ulnis.
220 Ast hic quem gemimus, felix, hominesque, deosque,
     Et dubios casus & cæcæ lubrica vitæ
     Effugit, immunis fati. non ille rogavit,
     Non timuit, meruitve mari. Nos anxia plebes,
     Nos miseri, quibus unde dies suprema, quis ævi
225 Exitus, incertum; quibus instet fulmen ab astris,
     Quæ nubes fatale sonent. Nil flecteris istis?
     Sed flectere libens. Ades huc emissus ab atro
     Limine, cui soli cuncta impetrare facultas,
     Glaucia; (nam insontes animas, nec portitor arcet,
230 Nec diræ comes ille feræ) tu pectora mulce,
     Tu prohibe manare genas; noctesque beatas
     Dulcibus alloquiis, & vivis vultibus imple:
     Et periisse nega, desolatamque sororem,
     Qui potes, & miseros perge insinuare parentes.

                          II. VILLA

II.

VILLA SURRENTINA POLLII FELICIS.

EST inter notos Sirenum nomine muros,
   Saxaque Tyrrhenæ templis onerata Minervæ,
Celfa Dicarchei fpeculatrix villa profundi,
Qua Bromio dilectus ager, collefque per altos
5 Uritur, & prælis non invidet uva Falernis.
   Huc me poft patrii lætum quinquennia luftri,
Cum ftadio jam pigra quies, canufque federet
Pulvis, ad Ambracias converfa gymnade frondes,
Trans gentile fretum placidi facundia Polli
10 Detulit, & nitidæ juvenilis gratia Pollæ,
   Flectere jam cupidum greffus, qua limite noto
Appia longarum teritur regina viarum.
Sed juvere moræ. Placido lunata receffu
Hinc atque hinc curvas perrumpunt æquora rupes:
15 Dat Natura locum; montique intervenit udum
   Littus, & in terras, fcopulis pendentibus, exit.
Gratia prima loci, gemina teftudine fumant
Balnea, & e terris occurrit dulcis amaro
Nympha mari. levis hic Phorci chorus, udaque crines
20 Cymodoce, viridifque cupit Galatea lavari.

Ante

Ante domum tumidæ moderator cœrulus undæ
Excubat, innocui cuſtos laris: hujus amico
Spumant templa ſalo: felicia rura tuetur
Alcides: gaudet gemino ſub numine portus.

25 Hic ſervat terras, hic ſævis fluctibus obſtat.
Mira quies pelagi: ponunt hic laſſa furorem
Æquora, & inſani ſpirant clementius Auſtri.
Hic præceps minus audet hyems, nulloque tumultu
Stagna modeſta jacent, dominique imitantia mores.

30 Inde per obliquas erepit porticus arces,
Urbis opus; longoque domat ſaxa aſpera dorſo.
Qua prius obſcuro permixti pulvere ſoles,
Et feritas inamœna viæ, nunc ire voluptas:
Qualis, ſi ſubeas Ephyres Baccheïdos altum

35 Culmen, ab Inoo fert ſemita tecta Lechæo.
Non, mihi ſi cunctos Helicon indulgeat amnes,
Et ſuperet Pimplea ſitim, largeque volantis
Ungula ſe det equi, referetque arcana pudicos
Phæmonoë fontes, vel quos meus, auſpice Phœbo,

40 Altius immerſa turbavit Pollius urna,
Innumeras valeam ſpecies, cultuſque locorum
Pieriis æquare modis. vix ordine longo
Suffecere oculi, vix, dum per ſingula ducor,
Suffecere gradus. quæ rerum turba! Iocine

45 Ingenium, an domini mirer prius? hæc domus ortus
Proſpicit, & Phœbi tenerum jubar; illa cadentem
Detinet, exactamque negat dimittere lucem,

Cum jam fessa dies, & in æquora montis opaci
Umbra cadit, vitreoque natant prætoria ponto.
50 Hæc pelagi clamore fremunt; hæc tecta sonoros
Ignorant fluctus, terræque silentia malunt.
His favit Natura locis: hic victa, colenti
Cessit, & ignotos docilis mansuevit in usus.
Mons erat hic, ubi plana vides: hæc lustra fuerunt,
55 Quæ nunc tecta subis, ubi nunc nemora ardua cernis,
Hic nec terra fuit. domuit possessor, & illum
Formantem rupes, expugnantemque secuta
Gaudet humus. nunc cerne jugum discentia saxa,
Intrantesque domos, jussumque recedere montem.
60 Jam Methymnæi vatis manus, & chelys una
Thebais, & Getici cedat tibi gloria plectri.
Et tu saxa moves, & te nemora alta sequuntur.
Quid referam veteres ceræque ærisque figuras?
Si quid Apellei gaudent animasse colores;
65 Si quid adhuc vacua tamen admirabile Pisa
Phidiacæ rasere manus: quod ab arte Myronis,
Aut Polycletæo jussum est quod vivere cælo,
Æraque ab Isthmiacis auro potiora favillis;
Ora ducum, & vatum, sapientumque ora priorum,
70 Quos tibi cura sequi, quos toto pectore sentis
Expers turbarum, atque animum virtute quieta
Compositus, semperque tuus. Quid mille revolvam
Culmina, visendique vices? sua cuique voluptas,
Atque omni proprium thalamo mare: transque jacentem

75 Nerea diverfis fervit fua terra feneftris.
    Hæc videt Inarimen, illi Prochyta afpera paret :
    Armiger hinc magni patet Hectoris : inde malignum
    Aëra refpirat pelago circumflua Nefis :
    Inde vagis omen felix Euplœa carinis,
80 Quæque ferit curvos exerta Megalia fluctus.
    Angitur & domino contra recubante, proculque
    Surrentina tuus fpectat prætoria Limon.
    Una tamen cunctis procul eminet, una diætis,
    Quæ tibi Parthenopen directo limite ponti
85 Ingerit. hic Graiis penitus defecta metallis
    Saxa : quod Eoæ refpergit vena Syenes ;
    Synnade quod mœfta Phrygiæ fodere fecures
    Per Cybeles lugentis agros, ubi marmore picto
    Candida purpureo diftinguitur area gyro.
90 Hic & Amyclæi cæfum de monte Lycurgi
    Quod viret, & molles imitatur rupibus herbas.
    Hic Nomadum lucent flaventia faxa, Thafofque,
    Et Chios, & gaudens fluctus fpectare Caryftos.
    Omnia Chalcidicas turres obverfa falutant.
95 Macte animo quod Graia probas, quod Graia frequentas
    Arva : nec invideant quæ te genuere Dicarchi
    Mœnia : nos docto melius potiemur alumno.
    Quid nunc ruris opes, pontoque novalia dicam
    Injecta, & madidas Bacchæo nectare rupes ?
100 Sæpe per autumnum, jam pubefcente Lyæo,
    Confcendit fcopulos, noctifque occulta fub umbra

Palmite maturo rorantia lumina terfit
Nereis, & dulces rapuit de collibus uvas.
Saepe & vicino fparfa eft vindemia fluctu;
105 Et Satyri cecidere vadis, nudamque per undas
Dorida montani cupierunt prendere Panes.
Sis felix, tellus, dominis ambobus in annos
Mygdonii, Pyliique fenis; nec nobile mutes
Servitium; nec te cultu Tirynthia vincat
110 Aula, Dicarcheique finus: nec faepius iftis
Blanda Therapnaei placeant vineta Galefi.
Hic feu fiderias exercet Pollius artes,
Seu volvit monitus quos dat Gargettius autor,
Seu noftram quatit ille chelyn, feu diffona nectit
115 Carmina, five minax ukorem ftringit iambon;
Hinc levis e fcopulis meliora ad carmina Siren
Advolat, hinc motis audit Tritonia criftis.
Tunc rabidi ponunt flatus, maria ipfa vetantur
Obftrepere: emergunt pelago, doctamque trahuntur
120 Ad chelyn, & blandi fcopulis delphines aderrant.
Vive, Midae gazis & Lydo ditior auro,
Troïca, & Euphrataea fuper diademata felix:
Quem non ambigui fafces, non mobile vulgus,
Non leges, non caftra tenent: qui pectore magno
125 Spemque metumque domas, vitio fublimior omni,
Exemptus fatis, indignantemque refellens
Fortunam: dubium quem non in turbine rerum
Deprendet fuprema dies; fed abire paratum,

As

Ac plenum vita.   Nos, vilis turba, caducis
130 Deservire bonis, semperque optare parati,
Spargimur in casus : celsa tu mentis ab arce
Despicis errantes, humanaque gaudia rides.
Tempus erat cum te geminæ suffragia terræ
Diriperent, celsusque duas veherere per urbes :
135 Inde Dicarcheis multum venerande colonis,
Hinc ascite meis ; pariterque his largus, & illis,
Ac juvenile calens, plectrique errore superbus.
At nunc discussa rerum caligine, verum
Aspicis. illo alii rursus jactentur in alto ;
140 At tua securos portus, blandamque quietem
Intravit non quassa ratis. sic perge ; nec unquam
Emeritam in nostras puppem demitte procellas.
Vivite securi, quorum de pectore mixtæ
In longum coïere faces, sanctusque pudicæ
145 Servat amicitiæ leges amor. ite per annos
Sæculaque, & priscæ titulos præcedite famæ.
Tuque, nurus inter longe pulcherrima, cujus
Non frontem vertere minæ, sed candida semper
Gaudia, & in vultu curarum ignara voluptas :
150 Non tibi sepositas infelix strangulat arca
Divitias, avidique animum dispendia torquent
Fœnoris : expositi census, & docta fruendi
Temperies. non ulla Deo meliore cohærent
Pectora, non alias decuit Concordia mentes.

III. ARBOR

III.

ARBOR ATEDII MELIORIS.

STAT, quæ perspicuas nitidi Melioris opacat
  Arbor aquas, complexa lacus. ea robore ab imo
Curvata, enodis redit inde, cacumine recto
Ardua; ceu mediis iterum nascatur ab undis,
5 Atque habitet vitreum tacitis radicibus amnem.
Quid Phœbum tam parva rogem ? vos dicite cauffas
Naïdes, & faciles (satis est) date carmina Fauni.
Nympharum teneræ fugiebant Pana catervæ :
Ille quidem it, cunctas tanquam velit, it tamen unam
10 In Pholoen. silvis hæc fluminibusque sequentis
Nunc hirtos greffus, nunc improba cornua vitat.
Jamque & belligerum Jani nemus, atraque Caci
Rura, Quirinalesque fuga suspensa per agros
Cælica tecta subit. ibi demum victa labore,
15 Feffa metu, qua nunc placidi Melioris aperti
Stant sine fraude lares, fluidos collegit amictus
Arctius, & niveæ posuit se margine ripæ.
Insequitur velox pecorum Deus, & sua credens
Connubia, ardenti jamjam suspiria librat
20 Pectore, jam prædæ levis imminet. ecce citatos
Advertit Diana gradus, dum per juga septem

                                          Errat,

Errat, Aventinæque legit veſtigia cervæ.
Pœnituit vidiſſe Deam ; converſaque fidas
Ad comites : Nunquamne avidis arcebo rapinis
25 Hoc petulans, fœdumque pecus ? ſemperne pudici
Decreſcet mihi turba chori ? ſic deinde locuta
Depromit pharetra telum breve, quod neque flexis
Cornjbus, aut ſolito torquet ſtridore ; ſed una
Emiſit contenta manu, lævumque ſoporem
30 Naïdos averſa fertur tetigiſſe ſagitta.
Illa Deam pariter ſurgens hoſtemque protervum
Vidit, & in fontem, niveos ne panderet artus,
Sicut erat cum veſte ruit ; ſtagniſque ſub altis,
Pana ſequi credens, ima latus implicat alga.
35 Quid faceret ſubito deceptus prædo ? nec altis
Credere corpus aquis hirtæ ſibi conſcius audet
Pellis, & a tenero nandi rudis. omnia queſtus,
Immitem Brimo, ſtagna invida, & invida tela ;
Primævam viſu platanum, cui longa propago
40 Innumeræque manus, & iturus in æthera vertex,
Depoſuit juxta, vivamque aggeſſit arenam,
Optatiſque aſpergit aquis, & talia mandat :
Vive diu noſtri pignus memorabile voti,
Arbor ; & hæc duræ latebroſa cubilia nymphæ
45 Tu ſaltem declinis ama, & preme frondibus undam,
Illa quidem meruit ; ſed ne, precor, igne ſuperno
Æſtuet, aut dura feriatur grandine ; tantum
Spargere tu laticem, & foliis turbare memento.

Tunc

Tunc ego teque diu recolam, dominamque benignæ
50 Sedis, & illæfa tutabor utramque fenecta.
Et Jovis, & Phœbi frondes, & difcolor umbra
Populus, & noftræ ftupeant tua germina pinus.
Sic ait. Illa Dei veteres imitata calores,
Uberibus ftagnis obliquo pendula trunco
55 Incubat atque umbris fcrutatur amantibus undas.
Sperat & amplexus; aquarum fpiritus arcet,
Nec patitur tactus, tandem eluctata fub auras
Libratur fundo, rurfufque enode cacumen
Ingeniofa levat, veluti defcendat in imos
60 Stirpe lacus alia. jam nec Phœbeïa Naïs
Odit, & exclufos invitat gurgite ramos.
Hæc tibi, parva quidem, genitali luce paramus
Dona, fed ingenti forfan victura fub ævo.
Tu, cujus placido pofuere in pectore fedem
65 Blandus honos, hilarifque (tamen cum pondere) Virtus:
Cui nec pigra quies, nec iniqua potentia, nec fpes
Improba; fed medius per honefta, & dulcia limes:
Incorrupte fidem, nullofque experte tumultus,
Et fecrete palam: qui digeris ordine vitam;
70 Idem auri facilis contemptor, & optimus idem
Comere divitias, opibufque immittere lucem,
Hac longum florens animi morumque juventa,
Illiacos æquare fenes, & vincere perfta
Quos pater Elyfio, genitrix quos detulit annos,
75 Hoc illi duras exoravere fororas:

Hoc,

Hoc, quæ te sub teste, situm fugitura tacentem
Ardua magnanimi revirescit gloria Blæsi.

IV.

PSITTACUS MELIORIS.

PSITTACE, dux volucrum, domini facunda voluptas,
   Humanæ solers imitator Psittace linguæ,
Quis tua tam subito præclusit murmura fato ?
Hesternas, miserande, dapes moriturus inisti
5 Nobiscum ; & gratæ carpentem munera mensæ,
Errantemque toris mediæ plus tempore noctis
Vidimus. affatus etiam meditataque verba
Reddideras. at nunc æterna silentia Lethes
Illc canorus habes. cedat Phaëtontia vulgi
10 Fabula ; nec soli celebrant sua funera cycni.
At tibi quanta domus rutila testudine fulgens,
Connexusque ebori virgarum argenteus ordo,
Argutumque tuo stridentia limina cornu ?
En querulæ jam sponte fores ! vacat ille beatus
15 Carcer, & angusti nusquam convicia tecti.
Huc doctæ stipentur aves, quîs nobile fandi
Jus Natura dedit. plangat Phœbeïus, ales :
Auditasque memor penitus demittere voces
Sturnus, & Aonio versæ certamine picæ ;

20 Quique refert jungens iterata vocabula perdix;
Et quæ Biftonio queritur foror orba cubili,
Ferte fimul gemitus, cognataque ducite flammis
Funera, & hoc cunctæ miferandum addifcite carmen:
OCCIDIT aëriæ celeberrima gloria gentis

25 Pfittacus, ille plagæ viridis regnator Eöæ;
Quem non gemmata volucris Junonia cauda
Vinceret, afpectu gelidi non Phafidis ales,
Nec quas humenti Numidæ rapuere fub Auftro.
Ille falutator regum, nomenque locutus

30 Cæfareum, & queruli quondam vice functus amici:
Nunc conviva levis, monftrataque reddere verba
Tam facilis: quo tu, Melior dilecte, reclufo,
Nunquam folus eras. at non inglorius umbris
Mittitur: Affyrio cineres adolentur amomo,

35 Et tenues Arabum refpirant gramina plumæ,
Sicaniofque crocos: fenio nec feffus inerti
Scandit odoratos Phœnix felicior ignes.

V.

LEO MANSUETUS IMP.

QUID tibi conftrata manfuefcere profuit ira?
Quid fcelus, humanafque animo dedifcere cædes,
Imperiumque pati, & domino parere minori?

Quid, quod abire domo, rursusque in clauftrá reverti
5 Suetus, & a capta jam fponte recedere præda,
Infertafque manus laxo dimittere morfu ?
Occidis, altarum vaftator fæve ferarum,
Non grege Maffylo, curvaque indagine claufus,
Non formidato fupra venabula faltu
10 Incitus, aut cæco foveæ deceptus hiatu,
Sed victus fugiente fera. ftat cardine aperto
Infelix cavea, & claufis circum undique portis
Hoc licuiffe nefas pavidi timuere leones.
Tunc cunctis cecidere jubæ, puduitque relatum
15 Afpicere, & totas duxere in lumina frontes.
At te non primo fufum novus obruit ictu
Ille pudor; manfere animi, virtufque cadenti
A media jam morte redit : nec protenus omnes
Terga dedere minæ. ficut fibi confcius alti
20 Vulneris, adverfum moriens it miles in hoftem,
Attollitque manum, & ferro labente minatur :
Sic piger ille gradu, folitoque exutus honore
Firmat hians oculos animumque, hoftemque requirit.
Magna tamen fubiti tecum folatia leti,
25 Victe, feres, quod te mœfti Populufque Patrefque,
Ceu notus caderes trifti gladiator arena,
Ingemuere mori : magni quod Cæfaris ora
Inter tot Scythicas, Libycafque, & littore Rheni,
Et Pharia de gente feras, quas perdere vile eft,
Unius amiffi tetigit jactura leonis.

VI. CON-

VI.

CONSOLATIO AD FLAVIUM URSUM
DE AMISSIONE PUERI DELICATI.

SÆVE nimis, lacrimis quifquis difcrimina ponis,
  Lugendique modos. miferum eft primæva parenti
Pignora, furgentefque (nefas) accendere natos :.
Durum & deferti, prærepta conjuge, partem
5 Conclamare tori : mœfta & lamenta fororum,
Et fratrum gemitus. arête tamen, & procul intrat
Altius in fenfus, majoraque vulnera vincit
Plaga minor. Famulum (quoniam rerum omnia cæca
Sic mifcet Fortuna manu, nec pectore novit)
10 Sed famulum gemis, Urfe, pium : fed amore, fideque
Has meritum lacrimas; cui major ftemmate juncto
Libertas ex mente fuit. ne comprime fletus,
Ne pudeat : rumpat frenos dolor ifte, (Deifque
Si tam dura placent) hominem gemis (hei mihi, fubdo
15 Ipfe faces) hominem, Urfe, tuum cui dulce volenti
Servitium, cui trifte nihil ; qui fponte fibique
Imperiofus erat. Quifnam hæc in funera miffos
Caftiget luctus? gemit inter bella peremptum
Parthus equum, fidofque canes flevere Moloffi,
20 Et volucres habuere rogum, cervufque Maronis.

Quid

Quid fi nec famulus ? vidi ipfe animofque notavi
Te tantum capientis herum : fed major in ore
Spiritus, & tenero manifefti in fanguine mores.
Optarent multum Graiæ, cuperentque Latinæ
25 Sic peperiffe nurus. non talem Creffa fuperbum
· Callida follicito revocavit Thefea filo :
Nec Paris Oebalios talis vifurus amores
Rufticus invifas dejecit in æquora pinus.
Non fallo, aut cantus, affueta licentia ducit :
30 Vidi, & adhuc video, qualem nec bella caventem
Littore virgineo Thetis occultavit Achillem :
Nec circum fævi fugientem mœnia Phœbi
Troïlon Æmoniæ deprendit lancea dextræ.
Qualis eras procul heu ! cunctis puerifque virifque
35 Pulchrior, & tantum domino minor ! illius unus
Ante decor, quantum præcedit clara minores
Luna faces, quantumque alios premit Hefperus ignes.
Non tibi fœmineum vultu decus, oraque fupra
Mollis honos ; (quales dubiæ difcrimina formæ
40 De fexu tranfire jubent) parvoque virilis
Gratia, nec petulans acies, blandique fevero
Igne oculi ; (qualis bellis jam caffide miffa
Parthenopæus erat) fimplexque horrore decoro
Crinis, & obfeffæ nondum, primoque micantes
45 Flore genæ. talem Ledeo gurgite pubem
Educat Eurotas ; teneri fic integer ævi
Elin adit, primofque Jovi puer approbat annos,

Nam

Nam pudor ingenuæ mentis, tranquillaque morum
Temperies, teneroque animus maturior ævo,
50 Carmina quæ donaffe queant? Sæpe ille volentem
Caftigabat herum, ftudioque altifque juvabat
Confiliis; tecum triftifque, hilarifque, nec unquam
Ille fuus, vultumque tuo fumebat ab ore:
Dignus & Æmonium Pyladen præcedere fama,
55 Cecropiamque fidem. fed laudum terminus efto,
Quem fortuna finit. non mente fidelior ægra
Speravit tardi reditus Eumæus Ulixi.
Quis Deus, aut quifnam tam triftia vulnera cafus
Eligit? unde manus Fatis tam certa nocendi?
60 O quam divitiis cenfuque exutus opimo
Fortior, Urfe, fores! fi vel fumante ruina
Ructaffent dites Vefuvina incendia Locros,
Seu Pollentinos merfiffent flumina faltus;
Seu Lucanus ager, feu Tybridis impetus, altas
65 In dextrum torfiffet aquas, paterere ferena
Fronte Deos: five alma fidem, meffefque negaffet
Cretaque, Cyreneque, & qua tibi cunque beato
Larga redit Fortuna finu. fed gnara dolorum
Invidia infelix animi vitalia vidit,
70 Lædendique vias. vitæ modo limine adultæ
Nectere tendebat juvenum pulcherrimus ille
Cum tribus Eleis unam trieterida luftris.
Attendit torvo triftis Rhamnufia vultu:
Ac primum implevitque toros, oculifque nitorem
75 Addidit,

75 Addidit, & folito fublimius ora levavit,
    (Heu ! mifero letale favens) fefeque videndo
    Torfit, & invitam mortem complexa, jacenti
    Injecit nexus, carpfitque immitis adunca
    Ora verenda manu. quinta vix Phofphorus hora
80 Rorantem fternebat equum, jam littora duri
    Sæva, Philete, fenis, dirumque Acheronta videbas,
    Quo domini clamate fono ! non fecius atros
    Nigraffet planctu genitrix tibi fæva lacertos,
    Nec pater : & certe qui vidit funera frater
85 Erubuit vinci. fed nec fervilis adempto
    Ignis : odoriferos exhaufit flamma Sabæos
    Et Cilicum meffes, Phariæque exempta volucri
    Cinnama, & Affyrio manantes gramine fuccos,
    Et domini fletus : hos tantum haufere favillæ,
90 Hos bibit ufque rogus. nec quod tibi Setia canos
    Reftinxit cineres, gremio nec lubricus offa
    Quod vallavit onyx, miferis acceptius umbris
    Quam gemitus. fed & ipfe juvat. Quid terga dolori,
    Urfe, damus ? quid damna foves ; & pectore iniquo
95 Vulnus amas ? ubi nota reis facundia raptis ?
    Quid caram crucias tam feris luctibus umbram ?
    Eximius licet illa animi, meritufque dolorem,
    Solvifti. fubit ille pios, carpitque quietem
    Elyfiam, carofque illic fortaffe parentes
100 Invenit : aut illi per amœna filentia Lethes
    Forfan Avernales alludunt undique mixtæ

                               Naïdes,

Naïdes, obliquoque notat Proferpina vultu.
Pone, precor, queftus; alium tibi Fata Phileton
Forfan & ipfe dabit; morefque, habitufque decoros
105 Monftrabit gaudens, fimilemque docebit amorem.

VII.

GENETHLIACON LUCANI.

LUCANI proprium diem frequentet
Quifquis collibus Ifthmiæ Diones
Docto pectora concitatus œftro
Pendentis bibit ungulæ liquorem.
5 Ipfi, quos penes eft honor canendi,
Vocalis citharæ repertor Arcas,
Et tu Baffaridum rotator Evan,
Et Pæan, & Hyantiæ forores,
Lætæ purpureas novate vittas:
10 Crinem comite, candidamque veftem
Perfundant ederæ recentiores.
Docti largius evagentur amnes,
Et plus Aoniæ virete filvæ.
Et fi qua patet, aut diem recepit,
15 Sertis mollibus expleatur umbra.
Centum Thefpiacis odora lucis
Stent altaria, victimæque centum,

Quas

Quas Dirce lavat, aut alit Cithæron.

Lucanum canimus : favete linguis :

20 Vestra est ista dies ; favete, Musæ,

Dum qui vos geminas tulit per artes

Et vinctæ pede vocis, & solutæ,

Romani colitur chori sacerdos.

Felix heu nimis, & beata tellus,

25 Quæ pronos Hyperionis meatus

Summis Oceani vides in undis,

Stridoremque rotæ cadentis audis :

Quæ Tritonide sertiles Athenas

Unctis, Bætica, provocas trapetis.

30 Lucanum potes imputare terris ;

Hoc plus quam Senecam dedisse mundo,

Aut dulcem generasse Gallionem.

Attollat refluos in astra fontes

Graio nobilior Melete Bætis.

35 Bætin, Mantua, provocare noli.

Natum protenus, atque humum per ipsam

Primo murmure dulce vagientem

Blando Calliope sinu recepit.

Tum primum posito remissa luctu

40 Longos Orpheos exuit dolores :

Et dixit : puer o dicate Musis,

Longævos cito transiture vates,

Non tu flumina, nec greges ferarum,

Nec plectro Geticas movebis ornos :

45 Sed

45 Sed Septem juga, Martiumque Tybrim,
   Et doctos Equites, & eloquente
   Cantu purpureum trahes Senatum,
   Nocturnas alii Phrygum ruinas,
   Et tarde reducis vias Ulixi

50 Et puppem temerariam Minervæ,
   Trita vatibus orbita, sequantur :
   Tu carus Latio, memorque gentis
   Carmen fortior exeres togatum.
   Ac primum, teneris adhuc in annis,

55 Ludes Hectora, Thessalosque currus :
   Et supplex Priami potentis aurum,
   Tu sedes referabis Inferorum,
   [*Ingratus Nero dulcibus theatris,*]
   Et noster tibi præferetur Orpheus.

60 Dices culminibus Remi vagantes,
   Infandos domini nocentis ignes.
   Tu castæ titulum decusque Pollæ
   Jucunda dabis allocutione.
   Mox, cœpta generosior juventa,

65 Albos ossibus Italis Philippos,
   Et Pharsalica bella detonabis,
   Et fulmen ducis inter arma Divi :
   Libertate gravem pia Catonem,
   Et gratum popularitate Magnum.

70 Tu Pelusiaci scelus Canopi
   Deflebis pius ; & Pharo cruenta

Pompeio

Pompeio dabis altius sepulcrum.

Hæc primo juveni canes sub ævo,

Ante annos Culicis Maroniani.

75 Cedit Musa rudis ferocis Enni,

Et docti furor arduus Lucreti,

Et qui per freta ducit Argonautas,

Et qui corpora prima transfigurat.

Quin majus loquor; ipsa te Latinis

80 Æneis venerabitur canentem.

Nec solum dabo carminis nitorem,

Sed tædis genialibus dicabo

Doctam, atque ingenio suo decoram :

Qualem blanda Venus, daretque Juno.

85 *Forma, simplicitate, comitate,*

Censu, sanguine, gratia, decore.

Et vestros Hymenæon ante postes

Faustis cantibus ipsa personabo.

O sævæ nimium, gravesque Parcæ !

90 O nunquam data festa longa summis !

Cur plus, ardua, casibus patetis ?

Cur læva vice magna non senescunt ?

Sic natum Nasamonii Tonantis

Post ortus obitusque fulminatos

95 Angusto Babylon premit sepulchrò.

Sic fixum Paridis manu trementi

Peliden Thetis horruit cadentem.

Sic ripis ego murmurantis Hebri

Non mutum caput Orpheos fequebar.
100 Sic & tu (rabidi nefas tyranni !)
Juffus præcipitem fubire Lethen,
Dum pugnas canis, arduaque voce
. Das folatia grandibus fepulchris,
(O dirum fcelus ! o fcelus !) tacebis.
105 Sic fata eft, leviterque decidentes
Abrafit lacrimas nitente plectro.
At tu, feu rapidum poli per axem
Famæ curribus arduis levatus,
Qua furgunt animæ potentiores,
110 Terras defpicis, & fepulchra rides :
Seu pacis meritum nemus reclufæ
Felix Elyfiis tenes in oris
Quo Pharfalica turba congregatur ;
Et te nobile carmen infonantem
115 Pompeii comitantur, & Catones :
Seu magna facer & fuperbus umbra
Nefcis Tartaron, & procul nocentum
Audis verbera, pallidumque vifa
Matris lampade refpicis Neronem :
120 Adfis lucidus ; &, vocante Polla,
Unum, quæfo, diem Deos filentum
Exores : folet hoc patere limen
Ad nuptas redeuntibus maritis.
Hæc te non thiafis procax dolofis
125 Falfi numinis induit figuras ;

K 2   Ipfum

Ipfum fed colit, & frequentat ipfum
Imis altius infitum medullis:
Ac folatia vana fubminiftrat
Vultus, qui fimili notatus auro
130 Stratis prænitet, excubatque fomno
Securæ.   Procul hinc abite mortes;
Hæc vitæ genitalis eft origo:
Cedat luctus atrox, genifque manent
Jam dulces lacrimæ; dolorque feftus
135 Quicquid fleverat ante, nunc adoret.

P. PAPI.

P. PAPINII STATII.

SYLVARUM

LIBER TERTIUS.

Statius Pollio Suo Sal.

TIBI certe, Polli dulciſſime, & hac, cui tam fide-
liter inhæres, quiete digniſſime, non habeo pro-
bandam diu libellorum iſtorum temeritatem,
cum ſcias multos ex illis in ſinu tuo ſubito patos, & hanc
audaciam ſtili noſtri frequenter expaveas, quoties in illius
facundiæ tuæ penetrale ſeduĉtus, altius literas intro, &
in omnes a te ſtudiorum ſinus ducor. Securus itaque
tertius hic Silvarum noſtrarum liber ad te mittitur. Ha-
buerat quidem & ſecundus teſtem ; ſed hic habet autho-
rem. Nam primum limen ejus Hercules Surrentinus
aperit, quem in littore tuo conſecratum, ſtatim ut vide-
ram, his verſibus adoravi. Sequitur libellus, quo ſplen-
didiſſimum

didiffimum & mihi jucundiffimum juvenem, Metium
Celerem, a facratiffimo Imperatore miffum ad legionem
Syriacam, quia fequi non poteram, fic profecutus
fum. Merebatur & Claudii Etrufci mei pietas aliquod
ex ftudiis noftris folatium, cum lugeret veris (quod a-
mariffimum eft) lacrimis fenem patrem. Earinus præterea, Germanici noftri libertus, fcit quandiu defiderium
ejus moratus fim, cum petiiffet ut Capillos fuos, quos
cum gemmata Pyxide & Speculo ad Pergamenum Afclepi-
um mittebat, verfibus dedicarem. Summa eft Ecloga,
qua mecum fecedere Neapolim Claudiam meam exhortor.
Hic fi verum dicimus, fermo eft; & quidem fecurus, ut
cum uxore, & qui perfuadere malit quam placere.
Huic præcipue libello favebis, cum fcias habere deftina-
tionem quietis meæ, & tibi maxime intendere: meque
non tam in patriam quam ad te fecedere.

I.

HERCULES SURRENTINUS POLLII FELICIS.

INTERMISSA tibi renovat, Tirynthie, facra
  Pollius; & caufas defignat defidis anni
Quod coleris majore tholo; nec littora pauper

Nuda

Nuda tenes, tectumque vagis habitabile nautis,
5 Sed nitidos postes, Graiisque effulta metallis
Culmina; ceu tædis iterum lustratus honesti
Ignis, ab Oetæa conscenderis æthera flamma.
Vix oculis, animoque fides: tune ille reclusi
Liminis, & parvæ custos inglorius aræ?
10 Unde hæc aula recens, fulgorque inopinus agresti
Alcidæ? sunt fata Deum, sunt fata locorum.
O velox pietas! steriles hic nuper arenas,
Asperfum pelago montis latus, hirtaque dumis
Saxa, nec ulla pati faciles vestigia terras
15 Cernere erat. quænam subito fortuna rigentes
Divisit scopulos? Tyrione hæc moenia plectro
An Getica venere lyra? stupet ipse labores
Annus, & angusto bisseni limite menses
Longævum mirantur opus. Deus affuit, arces
20 Erexitque suas, atque obluctantia saxa
Summovit nitens, & magno pectore montem
Reppulit: immitem credas jussisse novercam.
Ergo age, seu patrios, liber jam legibus, Argos
Incolis, & mersum tumulis Eurysthea calcas:
25 Sive tui solium Jovis, & virtute parata
Astra tenes, haustumque tibi succincta beati
Nectaris, excluso melior Phryge, porrigit Hebe;
Huc ades, & genium templis nascentibus infer.
Non te Lerna nocens, nec pauperis arva Molorchi,
30 Nec formidatus Nemees ager, antrave poscunt

                                    Thracia

Thracia, nec Pharii polluta altaria regis;
Sed felix, fimplexque domus, fraudumque malarum
Infcia, & hofpitibus Superis digniffima fedes.
Pone truces arcus, agmenque immite pharetræ,
35 Et regum multo perfufum fanguine robur,
Inftratumque humeris dimitte gerentibus hoftem.
Hic tibi Sidonio celfum pulvinar acantho
Texitur, & fignis crefcit torus afper eburnis.
Pacatus, mitifque veni; nec turbidus ira,
40 Nec famulare timens; sed quem te Mænalis Augo
Confe&um thiafis, & multo fratre madentem
Detinuit: qualemque vagæ poft crimina no&is
Theftius obftupuit, toties focer. hic tibi festa
Gymnas, & infontes juvenum fine cæftibus iræ
45 Annua veloci peragunt certamina luftro.
Hic templis inscriptus, avo gaudente, facerdos
Parvus adhuc, fimilifque tui, cum prima novercæ
Monftra manu premeres, atque examinata doleres.
Sed quænam subiti veneranda exordia templi,
50 Dic age, Calliope: focius tibi grande fonabit
Alcides, tenfoque modos imitabitur arcu.
Tempus erat, cæli cum torrentiffimus axis
Incumbit terris, i&ufque Hyperione multo
Acer anhelantes incendit Sirius agros.
55 Jamque dies aderat, profugis cum regibus aptum
Fumat Aricinum Triviæ nemus, & face multa
Confcius Hippolyti fplendet lacus: ipfa coronat

Emeritos

Emeritos Diana canes, & spicula tergit,

Et tutas sinit ire feras ; omnisque pudicis

60 Itala terra focis Hecateias excolit idus.

Ast ego, Dardaniæ quamvis sub collibus Albæ

Rus proprium, magnique ducis mihi munere currens

Unda domi, curas mulcere æstusque levare

Sufficerent; notas Sirenum nomine rupes,

65 Facundique larem Polli non hospes habebam ;

Assidue moresque viri pacemque novosque

Pieridum flores, intactaque carmina discens.

Forte diem Triviæ dum littore ducimus udo,

Angustasque fores affuetaque tecta gravati

70 Frondibus & patula defendimus arbore soles,

Delituit cælum, subitis lux candida cessit

Nubibus, & tenuis graviore Favonius Austro

Immaduit; qualem Libyæ Saturnia nimbum

Attulit, Iliaco dum dives Elisa marito

75 Donatur, testesque ululant per devia Nymphæ.

Diffugimus, festasque dapes, redimitaque vina

Abripiunt famuli : nec quo convivia migrent ;

(Quamvis innumeræ gaudentia rura superne

Infedere domus, & multo culmine dives

80 Mons nitet) instantes sed proxima quærere nimbi

Suadebant, læsique fides reditura sereni.

Stabat dicta sacris tenuis casa, nomine templi,

Et magnum Alciden humili lare parva premebat,

Fluctivagos nautas, scrutatoresque profundi

85 Vix operire capax. huc omnis turba coîmus ;
    Huc epulæ, ditesque tori, cœtusque ministrûm
    Stipantur, nitidæque cohors gratissima Pollæ.
    Non cepere fores, angustaque deficit ædes.
    Erubuit, risitque Deus, dilectaque Polli
90 Corda subit, blandisque animum complectitur ulnis :
    TUNE, inquit, largitor opum, qui mente profusa
    Tecta Dicarcheæ pariter, juvenemque replesti
    Parthenopen? nostro qui tot fastigia monti,
    Tot virides lucos, tot saxa imitantia vultus,
95 Æraque, tot scripto viventes lumine ceras
    Fixisti? quid enim ista domus, quid terra, priusquam
    Te gauderet, erat? longo tu tramite nudos
    Texisti scopulos, fueratque ubi semita tantum,
    Nunc ibi distinctis stat porticus alta columnis,
100 Ne sorderet iter : curvi tu littoris ora
    Clausisti calidas gemina testudine lymphas :
    Vix opera enumerem : mihi pauper, & indigus uni
    Pollius ; & tales hilaris tamen intro penates,
    Et littus, quod pandis, amo. sed proxima sedem
105 Despicit, & tacite ridet mea numina Juno.
    Da templum, dignasque tuis conatibus aras,
    Quas puppes velis nolint transire secundis :
    Quo pater ætherius, mensisque accita deorum
    Turba, & ab excelso veniat soror hospita tecto.
110 Nec te quod solidus contra riget umbo maligni
    Montis, & immenso non unquam exesus ab ævo

                          Terreat;

Tergeat; ipfe adoro, & conamina tanta juvabo,
Afperaque invitæ perfringam vifcera terræ.
Incipe, & Herculeis fidens hortatibus aude.

115 Non Amphioniæ fteterint velocius arces,
Pergameufve labor. dixit, mentemque reliquit.
Nec mora, confcripta formantur imagine templa:
Innumeræ coiere manus. his cædere filvas,
Et levare trabes: illis immergere curæ

120 Fundamenta folo. coquitur pars uvida terræ
Protectura hiemes, atque exclufura pruinas;
Indomitufque filex curva fornace liquefcit.
Præcipuus fed enim labor eft exfcindere dextra
Oppofitas rupes, & faxa negantia ferro.

125 Hic pater ipfe loci, pofitis Tirynthius armis
Infudat, validaque folum deforme bipenni,
Cum grave nocturna cælum fubtexitur umbra,
Ipfe fodit. dites Capreæ, viridefque refultant
Taurubulæ, & terris ingens redit æquoris echo.

130 Non tam grande fonat motis incudibus Ætna,
Cum Brontes Steropefque ferit: nec major ab antris
Lemniacis fragor eft, ubi flammeus ægida cælat
Mulciber, & caftis exornat Pallada donis.
Decrefcunt fcopuli, & rofea fub luce reverfi

135 Artifices mirantur opus. vix annus anhelat
Alter, & ingenti dives Tirynthius arce
Defpectat fluctus, & junctæ tecta novercæ.
Provocat; & dignis invitat Pallada templis,

Jam

Jam placidæ dant figna tubæ, jam fortibus ardens

140 Fumat arena facris: hos nec Pifæus honores

Juppiter, aut Cyrrhæ pater afpernetur opacæ.

Nil his trifte locis. cedat lacrymabilis Ifthmos,

Cedat atrox Nemee : litat hic felicior infans.

Ipfæ pumiceis virides Nereïdes antris

145 Exiliunt ultro, & fcopulis uventibus hærent;

Nec pudet occulte nudas fpectaré palæftras.

Spectat & Icario nemorofus palmite Gaurus,

Silvaque quæ fixam pelago Nefida coronat;

Et placidus Limon, omenque Euplœa carinis,

150 Et Lucrina Venus ; Phrygioque e vertice Graias

Adfcifcis, Mifene, tubas : ridetque benigna

Parthenope gentile facrum, nudofque virorum

Certatus, & parva fuæ fimulachra coronæ.

Quin age, & ipfe libens proprii certaminis actus

155 Invicta dignare manu : feu nubila difco

Findere, feu volucres zephyros prævertere telo,

Seu tibi dulce manu liquidas nodare palæftras,

Indulge his facris : & fi tibi poma fuperfunt

Hefperidum, gremio venerabilis ingere Pollæ ;

160 Nam capit, & tantum non degener ambit honorem.

Quod fi dulce decus viridefque refumeret annos,

(Da veniam, Alcide) fors huic & penfa tuliffes.

Hæc ego nafcentes lætùm bacchatus ad aras

Libamenta tuli. nunc ipfum in limine cerno

165 Solventem voces, & talia dicta ferentem :

MACTE

Maqtе animis opibufque, meos imitate labores,
Qui rigidas rupes, infœcundæque pudenda
Naturæ deferta domas, & vertis in ufum
Luftra habitata'feris, fœdeque latentia profers
170 Numina. quæ tibi nunc meritorum præmia folvam?
Quas referam grates? Parcarum fila tenebo,
Extendamque colus: duram fcio vincere mortem:
Avertam luctus, & triftia damnæ vetabo,
Teque nihil læfum viridi renovabo fenecta;
175 Concedamque diu juvenes fpectare nepotes:
Donec & hic fponfæ maturus, & illa marito;
Rurfus & ex illis foboles nova; grexque protervus
Nunc humeris irreptet avi, nunc agmine blando
Certatim placidæ concurrat ad ofcula Pollæ.
180 Nam templis nunquam ftatuetur terminus ævi,
Dum me flammigeri portabit machina cæli.
Nec mihi plus Nemee, prifcumve habitabitur Argos,
Nec Tiburna domus, folifve cubilia Gades.
Sic ait, & tangens furgentem altaribus ignem,
185 Populeaque movens albentia tempora filva,
Et Styga & ætherei juravit fulmina patris.

II.

PROPEMPTICON METIO CELERI.

DI, quibus audaces amor eft fervare carinas,
   Sævaque ventofi mulcere pericula ponti,

Sternite

Sternite molle fretum, placidamque advertite votis
Concilium, & lenis non obstrepat unda precanti.
5 Grande tuo rarumque damus, Neptune, profundo
Depositum. juvenis dubiæ committitur alno
Metius, atque animæ partem super æquora nostræ
Majorem transferre parat. proferte benigna
Sidera, & antennæ gemino confidite cornu,
10 Oebalii fratres: vobis pontusque polusque
Luceat: Iliacæ longe nimbosa sororis
Astra fugate, precor, totoque excludite cælo.
Vos quoque cæruleum, divæ Nereides, agmen,
Quis honor, & regni cessit fortuna secundi,
15 (Dicere quas magni fas sit mihi sidera ponti)
Surgite de vitreis spumosæ Doridos antris,
Baianosque sinus, & fœta tepentibus undis
Littora tranquillo certatim ambite natatu,
Quærentes ubi celsa ratis qua scandere gaudet
20 Nobilis Ausoniæ Celer armipotentis alumnus.
Nec quærenda diu: modo nam trans æquora terris
Prima Dicarcheis Pharium gravis intulit annum:
Prima salutavit Capreas, & margine dextro
Sparsit Tyrrhenæ Mareotica vina Minervæ.
25 Hujus utrumque latus molli præcingite gyro;
Partitæque vices, vos stuppea tendite mali
Vincula, vos summis annectite suppara velis,
Vos Zephyris aperite sinus: pars transtra reponat,
Pars demittat aquis curvæ moderamina puppis.

30 Sint

30 Sint quibus exploret rupes gravis arte molybdis,
   Quæque secuturam religent post terga phaselon,
   Uncaque submersæ penitus retinacula vellant.
   Temperet hæc æstus, pelagusque inclinet ad ortus:
   Officio careat glaucarum nulla fororum.

35 Huic multo Proteus, geminoque huic corpore Triton
   Prænatet; & fubitis qui perdidit inguina monstris
   Glaucus, adhuc quoties patriis allabitur oris
   Littoream blanda feriens Anthedona cauda.
   Tu tamen ante omnes, diva cum matre Palæmon,

40 Annue, fi vestras amor est mihi pandere Thebas,
   Nec cano degeneri Phœbeum Amphonia plectro.
   Et pater, Æolio frangit qui carcere ventos,
   Cui varii flatus, omnisque per æquora mundi
   Spiritus, atque hiemes nimbofaque nubila parent,

45 Arctius objecto Borean, Eurumque, Notumque
   Monte premat: feli Zephyro fit copia cæli,
   Solus agat puppes; fummafque fupernatet undas
   Affiduus pelago; donec tua, turbine nullo
   Læta Paretoniis affignet carbafa ripis.

50 Audimur: vocat ipfe ratem, nautafque morantes
   Increpat, ecce, meum timido jam frigore poftus
   Labitur, & nequeo, quamvis movet ominis horror,
   Claudere fufpenfos oculorum in margine fletus.
   Jamque ratem terris divifit fune foluto

55 Navita, & anguftum dejecit in æquora pontem:
   Sævus & e puppi longo clamore magifter

                                    Diffipat

Diffipat amplexus, atque ofcula fida revellit,
Nec longum.cara licet in cervice morari.
Attamen in terras e plebe noviffimus omni
60 Ibo, nec egrediar nifi jam cedente carina.
Quis rude, & abfciffum miferis animantibus æquor
Fecit iter? folidæque pios telluris alumnos
Expulit in fluctus, pelagoque immifit hiantes?
Audax ingenii; nec enim temeraria virtus
65 Illa magis, fummæ gelidum quæ Pelion Offæ
Junxit, anhelantemque jugis bis preffit Olympum.
Ufque adeone parum lentas tranfire paludes,
Stagnaque & anguftos fummittere pontibus amnes?
Imus in abruptum, gentilefque undique terras
70 Fugimus, exigua claufi trabe, & aëre nudo.
Inde furor ventis, indignatæque procellæ,
Et cæli fremitus, & fulmina plura Tonanti.
Ante rates, pigro torpebant æquora fomno;
Nec fpumare Thetis, nec fpargere nubila fluctus
75 Audebant: vifis tumuerunt puppibus undæ,
Inque hominem furrexit hiems, tunc nubila Pleias,
Oleniumque pecus; folito tunc pejor Orion.
Jufta queror: fugit ecce vagas ratis acta per undas
Paulatim minor, & longe fervantia vincit
80 Lumina, tot gracili ligno complexa timores,
Teque fuper reliquos, te, noftri pignus amoris
Portatura, Celer. quos nunc ego pectore fomnos,
Quofve queam perferre dies? quis cuncta paventi

Nuntius

Nuntius, an facili te prætermiferit unda
85 Lucani rabida ora maris : num torva Charybdis
Fluctuet, aut Siculi populatrix virgo profundi :
Quos tibi currenti præceps ferat Adria mores :
Quæ pax Carpathio : quali te fubvehat aura
Doris Agenorei furtis blandita juvenci ?
90 Sed merui queftus : quid enim, te caftra petente,
Non vel ad ignotos ibam comes impiger Indos
Cimmeriumque Chaos ? ftarem prope bellica regis
Signa mei, feu tela manu, feu frena teneres,
Armatis feu jura dares ; operumque tuorum
95 Etfi non focius, certe mirator adeffem.
Si quondam magno Phœnix reverendus Achilli
Littus ad Iliacum, Thymbræaque Pergama venit
Imbellis, tumidoque nihil juratus Atridæ,
Cur nobis ignavus amor ? fed pectore fido
100 Nufquam abero, longifque fequar tua carbafa votis.
Ifi, Phoroneis quondam ftabulata fub antris,
Nunc regina Phari, numenque Orientis anheli,
Excipe mulcifono puppem Mareotida fiftro :
Ac juvenem egregium, Latius cui ductor Eoa
105 Signa, Palæftinafque dedit frenare cohortes,
Ipfa manu placida per limina fefta, facrofque
Duc portus, urbefque tuas, te præfide, nofcat
Unde paludofi fœcunda licenta Nili :
Cur vada defidant, & ripa coërceat undas
110 Cecropio ftagnata luto : cur invida Memphis,

Vol. I.   M   Curve

Curve Therapnæi lasciviat ora Canopi :
Cur servet Pharias Lethæus janitor aras;
Vilia cur magnos æquent animalia Divos :
Quæ sibi præsternat vivax altaria Phoenix :
115 Quos dignatur agros, aut quo se gurgite Nili
Mergat adoratus trepidis pastoribus Apis,
Duc & ad Æmathios manes, ubi belliger urbis
Conditor Hyblæo perfusus nectare durat :
Anguiferamque domum, blando qua mersa veneno
120 Actias Ausonias fugit Cleopatra catenas.
Usque & in Assyrias sedes, mandataque castra
Prosequere, & Marti juvenem, Dea, trade Latino.
Nec novus hospes erit : puer his sudavit in arvis
Notus adhuc tantum majoris munere clavi :
125 Jam tamen & turmas facili prævertere gyro
Fortis, & Eoas jaculo damnare sagittas.
Ergo erit illâ dies, qua te majora daturus
Cæsar ab emerito jubeat discedere bello ?
At nos hoc iterùm stantes in littore, vastos
130 Cernemus fluctus, aliasque rogabimus auras.
O tum quantus ego ! aut quanta votiva movebo
Plectra lyra ! cùm me magna cervice ligatum
Attolles humeris, atque in mea pectora primum
Incumbes e puppe novus, servataque reddes
135 Colloquia, inque vicem medios narrabimus annos:
Tu, rapidum Euphraten, & regia Bactra, sacrasque
Antiquæ Babylonis opes, & Zeugma, Latinæ

Pacis

Pacis iter : qua dulce nemus florentis Idumes ;
Quo pretiosa Tyros rubeat, quo purpuri saco
140 Sidoniis iterata cadis ; quo germine primum
Candida felices sudent opobalsama virgæ :
Ast ego, devictis dederim qua justa Pelasgis,
Quæque laboratas claudat mihi pagina Thebas.

III.

LACRIMÆ CLAUDII ETRUSCI.

SUMMA Deûm Pietas, cujus gratissima cælo
Rara profanatas inspectant numina terras,
Huc vittata comam niveoque insignis amictu,
Qualis adhuc præsens nullaque expulsa nocentum
5 Fraude, rudes populos atque aurea regna colebas,
Mitibus exequiis ades ; & lugentis Etrusci
Cerne pios fletus, laudataque lumina terge.
Nam quis inexpleto rumpentem pectora questu,
Complexumque rogos incumbentemque favillis
10 Aspiciens, non aut primævæ funera plangi
Conjugis, aut nati modo pubescentia credat
Ora rapi flammis ? pater est, qui fletur. adeste
Dîque hominesq ; sacris. procul hinc, procul ite nocentes ;
Si cui corde nefas tacitum, fessique senectus
15 Longa patris ; si quis pulsatæ conscius umbram

Matris, & infernæ rigidum tinnet Æacon urna:
Infontes, castosque voco. tenet ecce seniles
Leniter adplicitos vultus, sanctamque parentis
Caniciem spargit lacrimis, animæque supremum

20 Frigus amat: coleres genitoris filius annos,
(Mira fides) pigrasque putat proporasse sorores.
Exultent placidi Lethæa ad flumina manes,
Elysiæ gaudete domus: date serta per aras,
Festaque pallentes hilarent altaria lucos.

25 Felix, heu nimium felix, plorataque nato
Umbra venit. longe furiarum sibila, longe
Tergeminus custos. penitus via longa patescat
Manibus egregiis. eat, horrendumque silentis
Accedat domini solium, gratesque supremas

30 Perferat, & totidem juveni roget anxius annos.
Macte pio gemitu! dabimus solatia dignis
Luctibus, Aoniasque tuo sacrabimus ultro
Inferias, Etrusce, seni. tu largus Eoa
Germina, tu messes Cilicumque Arabumque superbis

35 Merge rogis: ferat ignis opes hæredis, & alto
Aggere missuri nitido pia nubila cælo
Stipentur cineres: nos non arsura feremus
Munera; venturosque tuus durabit in annos,
Me monstrante, dolor: neque enim mihi flere parentem

40 Ignotum, & similes gemui projectus ad ignes.
Ille mihi tua damna dies compescere cantu
Suadet; & ipse tuli, quos nunc tibi confero, questus.

Non

Non tibi clara quidem, senior placidissime, gentis
Linea, nec proavis demissum stemma: sed ingens
45 Supplevit fortuna genus, culpamque parentum
Occuluit. neque enim dominos de plebe tulisti;
Sed quibus occasus pariter famulantur & ortus.
Nec pudor iste tibi: quid enim terrisque poloque
Parendi fine lege manet? vice cuncta reguntur,
50 Alternisque regunt. propriis sub regibus omnis
Terra: premit felix regum diademata Roma;
Hanc ducibus frenare datum: mox crescit in illos
Imperium Superis. sed habent & numina legem:
Servit & astrorum velox chorus, & vaga servit
55 Luna, nec injussae toties redit orbita lucis.
Et (modo si fas est aequare jacentia summis)
Pertulit & saevi Tirynthius horrida regis
Pacta, nec erubuit famulantis fistula Phoebi.
Sed neque barbaricis Latio transmissus ab oris:
60 Smyrna tibi gentile solum, potusque verendo
Fonte Meles, Hermique vadum; quo Lydius intrat
Bacchus, & aurato reficit sua cornua limo.
Laeta dehinc series, variisque ex ordine curis
Auctus honos; semperque gradus prope numina, semper
65 Caesareum coluisse latus, sacrisque Deorum.
Arcanis haerere datum. Tibereïa primum
Aula tibi, vix dum ora nova mutante juventa,
Panditur. hic, annis multa super indole victis,
Libertas oblata venit. nec proximus heres

70 Immitis

70 Immitis quanquam & furiis agitatus, abegit.
   Hunc & in Arctoas tenuis comes usque pruinas
   Terribilem affatu passus visuque tyrannum
   Immanemque suis, ut qui metuenda ferarum
   Corda demaat, mersasque jubent jam sanguine tacto
75 Reddere ab ore manus, & nulla vivere præda.
   Præcipuos sed enim merito subvexit in actus
   Nondum stelligerum senior dimissus in axem
   Claudius, & longo transmisit habere Neroni.
   Quis superos metuens pariter tot templa, tot aras
80 Promeruisse datur ? summi Jovis aliger Arcas
   Nuntius : imbrifera potitur Thaumantide Juno :
   Stat celer obsequio jussa ad Neptunia Triton :
   Tu toties mutata ducum juga rite tulisti
   Integer, inque omni felix tua cymba profundo.
85 Jamque piam lux alta domum, præcelsaque toto
   Intravit Fortuna gradu. jam creditur uni
   Sanctarum digestus opum, partæque per omnes
   Divitiæ populos, magnique impendia mundi.
   Quicquid ab auriferis ejectat Iberia fossis,
90 Dalmatico quod monte nitet, quod messibus Afris
   Verritur, æstiferi quicquid terit area Nili,
   Quodque legit mersus pelagi scrutator Eoi
   Et Lacedæmonii pecuaria culta Galesi,
   Perspicuæque nives, Massylaque robora, & Indi
95 Dentis honos : uni parent commissa ministro,
   Quæ Boreas, quæque Eurus atrox, quæ nubilus Auster
                                    Invehit.

Invehit. hibernos citius numeraveris imbres,
Silvarumque comas. vigil iste animique fagacis
Exitus evolvit, quantum Romana fub omni
100 Pila die, quantumque Tribus: quid templa: quid alti
Undarum cursus, quid propugnacula pofcant
Æquoris, aut longe feries porrecta viarum:
Quod Domini celfis niteat laquearibus aurum,
Quæ divum in vultus igni formanda liquefcat
105 Maffa; quid Aufoniæ fcriptum crepet igne monetæ.
Hinc tibi rara quies, animoque exclufa voluptas,
Exiguæque dapes, & nunquam læfa profundo
Cura mero. fed jura tamen genialia cordi,
Et mentem vincire toris, & jungere fefta
110 Connubia, & fidos domino genuiffe clientes.
Quis fublime decus formamque infignis Etrufcæ
Nefclat? haud unquam proprio mihi cognita vifu,
Sed decus eximium formæ par reddit imago
Vultibus, & fimilis natorum gratia monftrat.
115 Nec vulgare genus: fafces, fummamque curulem
Frater, & Aufonios enfes, mandataque fidus
Signa tulit, cum prima truces amentia Dacos
Impulit, & magno gens eft damnata triumpho.
Sic quicquid patrio ceffatum eft fanguine, mater
120 Reddidit; obfcurumque latus clarefcere vidit
Connubio gavifa domus. nec pignora longe:
Quippe bis ad partus venit Lucina, manuque
Ipfa levi gravidos tetigit fœcunda labores.

Felix

Felix ah! fi longa dies, fi cernere vultus
125 Natorum viridefque genas tibi jufta dediffent
Stamina! fed media cecidere abrupta juventa
. Gaudia, florentefque manu fcidit Atropos annos :
Qualia pallentes declinant lilia culmos,
Pubentefve rofæ primos moriuntur ad Auftros,
130 Aut uti verna novis expirat purpura pratis.
Illa fagittiferi circumvolitaftis, Amores,
Fupera, maternoque rogos unxiftis amomo :
Nec modus aut pennis laceris aut crinibus ignem
Spargere, collatæque pyram ftruxere pharetræ.
135 Quas tunc inferias, aut quæ lamenta dediffes
Maternis, Etrufce, rogis, qui funera patris
Haud matura putas, atque hos pius ingemis annos?
Illum &, qui nutu fuperas nunc temperat arces
Progeniem claram terris partitus & aftris,
140 Lætus Idumæi donavit honore triumphi :
Dignatufque loco victricis & ordine pompæ
Non vetuit, tenuefque nihil minuere parentes.
Atque idem in cuneos populum cum duxit equeftres,
Mutavitque genus, lævæque ignobile ferrum
145 Exuit, & celfe natorum æquavit honori.
Dextra bis octonis fluxerunt fæcula luftris,
Atque ævi fine nube tenor. Quam dives in ufus
Natorum, totoque volens excedere cenfu,
Teftis adhuc largi nitor inde affuetus Hetrufci,
150 Cui tua non humiles dedit indulgentia mores.

Hunc

Hunc fiquidem amplexu femper revocantia tenebat
Blandus, & imperio nunquam pater huius honori.
Pronior ipfe etiam gaudebat cedere frater.
Quas tibi devoti juvenes pro patre renata,
155 Summe ducum, grates, aut quæ pia vota rependam?
Tu (feu tarda fitu, rebufque exhaufta feneĉtus
Erravit; feu blanda diu Fortuna regreffum
Maluit) attonitum & venturi fulminis iĉtus
Horrentem, tonitru tantum lenique procella.
160 Contentus monuiffe fenem: eumque horrida fupra
Æquora, curarum focius procul Itala rura
Linqueret, hic molles Campani littoris oras,
Et Diomedeas concedere juffus in arces,
Atque hofpes, non exul erat. nec plura moratus
165 Romuleum referas iterum, Germanice, limen,
Mœrentemque foves, inclinatofque penates
Erigis. haud mirum, Duĉtor placidiffime; quando
Hæc eft quæ viĉtis parcentia fœdera Cattis,
Quæque fuum Dacis donat clementia montem:
170 Quæ modo Marcomanos poft horrida bella, vagofque
Sauromatas Latio non eft dignata triumpho.
Jamque in fine dies, & inexorabile penfum
Deficit. hic mœfti pietas me pofcit Etrufci
Qualia nec Siculæ moderantur carmina rupes,
175 Nec fati jam certus olor, fævique marita
Tereos. Heu quantis laffantem brachia vidi
Planĉtibus, & prono fufum fuper ofcula vultu!

Vix famuli, comitesque tenent, vix arduus ignis
Submovet. haud aliter gemuit perjuria Theseus
180 Littore quo falsis deceperat Ægea velis.

Tunc immane gemens, foedatusque ora, tepentes
Affatur cineres : Cur nos, fidissime, linquis
Fortuna redeunte, pater ? modo numina magni
Præsidis, atque breves Superum placavimus iras,
185 Nec frueris; tantique orbatus muneris usu
Ad manes, ignare, fugis. nec flectere Parcas,
Aut placare malæ datur aspera numina Lethes ?
Felix, cui magna patrem cervice vehenti
Sacra Mycenææ patuit reverentia flammæ!
190 Quique tener sævis genitorem Scipio Pœnis
Abstulit, & Lydi pietas temeraria Laufi.

Ergo & Thessalici conjux pensare mariti
Funus, & immitem potuit Styga vincere supplex
Thracius ? ah quanto melius pro patre liceret!
195 Non totus rapicre tamen, nec funera mittam
Longius : hic manes, hic intra tecta tenebo.
Tu custos, dominusque laris; tibi cuncta tuorum
Parebunt. ego rite minor, semperque secundus
Affidue libabo dapes & pocula sacris
200 Manibus, effigiesque colam : te lucida saxa,
Te similem doctæ referet mihi linea ceræ :
Nunc ebur, & fulvum vultus imitabitur aurum.
Inde viam morum, longæque examina vitæ,
Affatusque pios, monituraque somnia poscam.

205 Talia

205 Talia dicentem genitor dulcedine læta
  Audit, & immites lente defcendit ad umbras,
  Verbaque dilectæ fert narraturus Etrufcæ.
  Salve fupremum, fenior mitiffime patrum,
  Supremumque vale : qui nunquam, fofpite nato,
210 Trifte Chaos, mœftique fitus patiere fepulchri.
  Semper odoratis fpirabunt floribus aræ,
  Semper & Affyrios felix bibet urna liquores,
  Et lacrimas, qui major honos. hîc facra litabit
  Manibus, eque tua tumulum tellure levabit.
215 Noftra quoque, exemplo meritus, tibi carmina fanxit,
  Hoc etiam gaudens cinerem donaffe fepulchro.

IV.

CAPILLI FLAVII EARINI.

ITE comæ, facilemque precor tranfcurrite pontum:
 Ite, coronato recubantes molliter auro :
Ite, dabit curfus mitis Cytherea fecundos,
Placabitque Notos : fors & de puppe timenda
5 Transferet, inque fua ducet fuper æquora concha.
 Accipe laudatos, juvenis Phœbeïe, crines
 Quos tibi Cæfareus donat puer : accipe lætus,
 Intonfoque oftende patri. fine, dulce nitentes
 Comparet, atque diu fratris putet effe Lyæi.

10 Forfan & ipfe comæ nunquam labentis honorem
Proferet, atque alio claufum tibi ponet in auro.
Pergame, pinifera multum felicior Ida !
Illa licet facræ placeat fibi laude rapinæ ;
(Nempe dedit Superis illum, quem turbida femper
15 Juno videt, refugitque manum, nectarque recufat)
At tu grata Deis, pulchroque infignis alumno,
Mififti Latio placida quem fronte miniftrum
Juppiter Aufonius pariter, Romanaque Juno
Afpiciunt, & uterque probant. Nec tanta potenti
20 Terrarum Domino divum fine mente voluptas,
Dicitur Idalios Erycis de vertice lucos
Dum petit, & molles agitat Venus aurea cycnos,
Pergameas intraffe domos, ubi maximus ægris
Auxiliator adeft, & feftinantia fiftens
25 Fata, falutifero mitis Deus incubat angui.
Hic puerum egregiæ præclarum fidere formæ
Ipfius ante Dei ludentem confpicit aram.
Ac primum fubita paulum decepta figura
Natorum de plebe putat : fed non erat illi
30 Arcus, & ex humeris nullæ fulgentibus umbræ.
Miratur puerile decus , vultumque comafque
Afpiciens, Tune Aufonias, ait, ibis ad arces,
Neglectus Veneri ? tu fordida tecta, jugumque
Servitii vulgare feres ? procul abfit : ego ifti
35 Quem meruit, formæ dominum dabo. vade age mecum,
Vade puer ; ducam volucri per fidera curru

Donum

Donum immane duci: nec te plebeia manebunt
Jura; Palatino famulus deberis amori.
Nil ego, nil, fateor, toto tam dulce sub orbe
40 Aut vidi, aut genui. cedat tibi Latmius ultro
Sangariusque puer; quemque irrita fontis imago
Et sterilis consumpsit amor. te coerula Nais
Mallet, & apprensa traxisset fortius urna.
Tu, puer, ante omnes; solus formosior ille
45 Cui daberis. Sic orsa, leves secum ipsa per auras
Tollit, olorinaque jubet considere biga.
Nec mora: jam Latii montes, veterisque penates
Evandri, quos mole nova pater inclytus urbis
Excolit, & summis aequat Germanicus astris.
50 Tunc propior jam cura deae, quae forma capillis
Optima, quae vestis roseos accendere vultus
Apta; quod in digitis, collo quod dignius aurum.
Norat caelestes oculos ducis, ipsaque taedas
Junxerat, & plena dederat connubia dextra.
55 Sic ornat crines, Tyrios sic fundit amictus;
Dat radios, ignemque suum. cessere priores
Deliciae, famulumque greges: hic pocula magno
Prima duci, murrasque graves, crystallaque portat
Candidiore manu: crescit nova gratia Baccho.
60 Care puer, Superis qui praelibare verendum
Nectar, & ingentem toties contingere dextram
Electus, quam nosse Getae, quam tangere Persae,
Armeniique, Indique petunt! O sidere dextro

Edite,

Edite, multa tibi divum indulgentia favit !

65 Olim etiam, ne prima genas lanugo nitentes

   Spargeret, & pulchræ fuscaret gratia formæ,

   Ipfe Deus patriæ, celfam trans æquora liquit

   Pergamon. haud ulli puerum mollire poteftas

   Credita; fed tacita juvenis Phœbeïus arte

70 Leniter, haud ullo concuffum vulnere corpus

   De fexu tranfire jubet. tamen anxia curis

   Mordetur, puerique timet Cytherea dolores.

   Nondum pulchra ducis clementia cœperat ortu

   Intactos fervare mares ; nunc frangere fexum,

75 Atque hominem mutare nefas; gavifaque foloe

   Quos genuit Natura videt ; nec lege finiftra

   Ferre timent famulæ natorum pondere matres..

   Tu quoque, nunc juvenis, genitus fi tardius effes,

   Umbratufque genas, & adultos fortior artus,

80 Non unum gaudens Phœbea ad limina munus

   Mififfes : patrias nunc vertex folus ad aras

   Naviget. hunc multo Paphie faturabat amomo,

   Hunc nova tergemina pectebat Gratia dextra.

   Huic & purpurei cedat coma faucia Nifi,

85 Et quam Sperchio tumidus fervabat Achilles.

   Ipfi, cum primum niveam præcerpere frontem

   Decretum eft, humerofque manu nudare nitentes,

   Accurrunt teneri Paphia cum matre volucres,

   Expediuntque comas, & farica pectore ponunt

90 Pallia. tunc junctis crinem incidere fagittis,

                                          Atque

Atque auro, gemmiſque locant: rapit ipſa cadentes
Mater, & arcanos iterat Cytherea liquores.
Tunc puer e turba, manibus qui forte ſupinis
Nobile gemmato ſpeculum portaverat auro,
95 Hoc quoque demus, ait; patriis nec gratius ullum
Munns erit templis, ipſoque potentius auro.
Tu modo fige aciem, & vultus hos uſque relinque.
Sic ait, & ſpeculum ſecluſit imagine rapta.
At puer egregius tendens ad ſidera palmas,
100 His mihi pro donis, hominum mitiſſime cuſtos,
(Si merui) longa dominum renovare juventa,
Atque orbi ſervare velis! hoc ſidera mecum,
Hoc undæ, terræque rogant. eat, oro, per annos
Iliacos, Pylioſque ſitus; proprioſque penates
105 Gaudeat, & ſecum Tarpeia ſeneſcere templa.
Sic ait, & motas miratur Pergamos aras.

V.

AD CLAUDIAM UXOREM.

QUID mihi mœſta die, ſociis quid noctibus, uxor,
   Anxia, pervigili ducis ſuſpiria cura?
Non metuo ne læſa fides, aut pectore in iſto
Alter amor: nullis in te datur ire ſagittis,
5 (Audiat infeſto licet hæc Rhamnuſia vultu)

                              Non

Non datur. & fi egomet patrio de fittore raptus
Quattuor emeritis per bella, per æquora, luftris
Errarem, tu mille procos intacte fugares;
Non interfectas commenta retexere telas,
10 Sed fine fraude palam, thalamofque orbata negaffes.
Dic tamen unde alia mihi fronte, & nubila vultu?
Anne quod Euboïcos feffus remeare penates
Auguror, & patria fenium componere terra?
Cur hoc trifte tibi? certe lafcivia cordi
15 Nulla, nec aut rapidi mulcent te prælia Circi,
Aut intrat fenfus clamofi turba theatri:
Sed probitas, & opaca quies, & fordida nunquam
Gaudia. Quas autem comitem te rapto per undas?
Quamquam, & fi gelidas irem manfurus ad Arctos,
20 Vel fuper Hefperiæ vada caligantia Thules,
Aut feptemgemini caput haud penetrabile Nili,
Hortarere vias. Etenim tua, (nempe benigna
Quam mihi forte Venus junctam florentibus annis
Servet & in fenium;) tua, (quæ me vulnere primo
25 Intactum thalamis, & adhuc juvenile vagantem
Fixifti) tua frena libens, docilifque recepi;
Et femel infertas non mutaturus habenas
Ufque premo. Ter me nitidis Albana ferentem
Dona comis, fanctoque indutum Cæfaris auro
30 Vifceribus complexa tuis; fertifque dedifti
Ofcula anhela meis. Tu, cum Capitolia noftræ
Inficiata lyræ, fævum ingratumque dolebas

Mecum

Mecum victa Jovem: tu procurrentia primis
Carmina postra sonis, totasque in murmure noctes
35 Aure rapis vigili: longi tu sola laboris
Conscia, cumque tuis crevit mea Thebaïs annis.
Qualem te nuper Stygias prope raptus ad undas,
Cum jam Lethæos audirem cominus amnes,
Aspexi! tenuique oculos jam morte cadentes.
40 Scilicet exhausti Lachesis mihi tempora fati
Te tantum miserata dedit, Superique potentes
Invidiam timuere tuam. post ista, propinquum
Nunc iter, optatosque sinus comes ire moraris?
Heu ubi nota fides, totque explorata per usus,
45 Qua veteres Latias, Graiasque Heroïdas æquas?
Isset ad Iliacas (quid enim deterret amantes?)
Penelope gavisa domos, si passus Ulixes.
Questa est Ægiale, questa est Meliboea relinqui,
Et quamquam sævi fecerunt Mænada planctus.
50 Nec minor his tu nosse fidem, firmamque maritis
Reddere. sic certe cineres, umbramque priorem
Quæris adhuc: sic exequias amplexa canori
Conjugis, ingentes iteras de pectore planctus,
Jam mea. Nec pietas alia est tibi, curaque natæ;
55 Sic ut mater amas, sic nunquam corde recedit
Nata tuo; fixamque animi penetralibus imis
Nocte, dieque tenes. non sic Trachinia nidos
Alcyone vernos, non sic Philomela penates
Circuit amplectens, animamque in pignora transfert.

VOL. I.   O   60 Heu

60 Heu nunc illa tenet viduum quod fola cubile,
   Otia tam pulchræ terit infecunda juventæ:
   Sed venient plenis, venient connubia, tædis.
   Sic certe, formæque bonis, animique meretur:
   Sive chelyn complexa ferit, feu voce paterna
65 Difcendum Mufis fonat, & mea carmina flectit,
   Candida feu molli diducit brachia motu;
   Ingenium probitas, artemque modeftia vincit.
   Nonne leves pueros, non te, Cytherea, pudebat
   Hoc ceffare decus? Nec tantum Roma jugales
70 Conciliare toros, feftafque accendere tædas
   Fertilis; & noftra generi tellure dabuntur.
   Non adeo Vefuvinus apex, & flammea diri
   Montis hiems trepidas exhaufit civibus urbes:
   Stant, populifque vigent. hic aufpice condita Phœbe
75 Tecta, Dicarchei portus, & littora mundo
   Hofpita: & hic magnæ tractus imitantia Romæ
   Quæ Capys advectis implevit mœnia Teucris.
   Noftra quoque haud propriis tenuis, nec rara colonis
   Parthenope; cui mite folum trans æquora vectæ
80 Ipfe Dionæa monftravit Apollo columba.
   Has ego te fedes (nam nec mihi barbara Thrace
   Nec Libye natale folum) transferre laboro:
   Quas & mollis hiems, & frigida temperat æftas:
   Quas imbelle fretum torpentibus alluit undis.
85 Pax fecura locis, & defidis otia vitæ,
   Et nunquam turbata quies, fomnique peracti.

                                              Nulla

Nulla foro rabies, aut ftrictæ jurgia leges
Norunt: jura viris folum, & fine fafcibus, æquum.
Quid nunc magnificas fpecies, cultufque locorum,
90 Templaque, & innumeris fpatia interftincta columnis;
Et geminam molem nudi tectique theatri,
Et Capitolinis Quinquennia proxima luftris;
Quid laudem rifus, libertatemque Menandri,
Quam Romanus honos & Graia licentia mifcent?
95 Nec defunt variæ circum oblectamina vitæ:
Sive vaporiferas, blandiffima littora, Baiaş,
Enthea fatidicæ feu vifere tecta Sibyllæ
Dulce fit, Iliacoque jugum memorabile remo:
Seu tibi Bacchei vineta madentia Gauri
100 Teleboumque domos; trepidis ubi dulcia nautis
Lumina noctivagæ tollit Pharus æmula lunæ:
Caraque non molli juga Surrentina Lyæo,
Quæ meus ante aliós habitator Pollius auget:
Ænariæque lacus medicos, Statinafque renatas.
105 Mille tibi noftræ referam telluris amores:
Sed fatis hoc conjux, fatis hoc dixiffe, creavit
Me tibi, me focium longos aftrinxit in annos:
Nonne hæc ambórum genitrix, altrixque videri
Digna? fed ingratus qui plura adnecto, tuifque
110 Moribus indubito: venies, cariffima conjux,
Prævениofque etiam: fine me tibi ductor aquarum
Tybris, & armiferi fordebunt tecta Quirini.

O 2   P. PAPI-

P. PAPINII STATII.

S Y L V A R U M

LIBER QUARTUS.

AD MARCELLUM.

INVENI librum, Marcelle cariffime, quem pietati tuæ dedicarem. Reor equidem aliter quam invocato numine maximi Imperatoris nullum opufculum meum cœpiffe. Sed hic liber tres habet. Sequitur quarta, quæ ad honorem tuum pertinet. Primo autem feptimum decimum Germanici noftri confulatum adoravi. Secundo gratias egi facratiffimis ejus Epulis honoratus. Tertio Viam Domitianam miratus fum, qua graviffimam arenarum moram exemit : cujus beneficio tu quoque maturius epiftolam eam accipies, quam tibi in hoc libro a Neapoli fcribo. Proximum eft Lyricum carmen ad Septimium Severum, juvenem (uti fcis) inter ornatiffimos fecundi ordinis,

ordinis, tuum quidem etiam condifcipulum; fed mihi
contra hoc quoque jus, arctiffime carum. nam Vindicis
noftri Herculem Epitrapezion, fecundùm honorem quem
de me, & de ipfis ftudiis meretur, imputare etiam tibi
poffum.   Maximum Junium dignitatis & eloquentiæ
nomine a nobis diligi, fatis eram teftatus epiftola, quam
ad illum de editione Thebaidos meæ publicavi. fed nunc
quoque eum reverti maturius e Dalmatia rogo. Juncta
eft Ecloga ad municipem meum Julium Menecratem,
fplendidum Juvenem, & Pollii mei generum; cui gratulor
quod Neapolim noftram numero liberorúm honeftaverit.
Plotio Grypho, majoris gradus juveni, dignius opufculum
reddam : fed interim Hendecafyllabos, quos Saturnalibus
una rifimus, huic volumini inferui. Quare ergo plura
in quarto Silvarum, quam in prioribus ? Ne fe putent
aliquid egiffe, qui reprehenderunt (ut audio) quod hoc
ftili genus edidiffem. Primum, fupervacuum eft diffua-
dere rem factam, Deinde, multa ex illis jam Domino
Cæfari dederam; & quanto hoc plus eft, quam edere ?
Exercere autem jocos non licet ? fi fecreto, inquit. Sed
& fphæromachias fpectamus, & pilaris lufio admittitur.
noviffime, quifquis ex meis invitus aliquid legit, ftatim
fe profitetur adverfum : itaque confilio ejus accedam ?
In fumma, nempe ego fum qui traducor : taceat, & gaudeat. Hunc tamen librum tu, Marcelle, defendes. Et,
fi videtur, hactenus : fin minus, reprehendemur.

XVII

I.

XVII CONSULATUS IMP. AUG. GER-
MANICI DOMITIANI.

LÆTA bis octonis accedit purpura faftis
    Cæfaris, infignemque apert Germanicus annum,
Atque oritur cum fole novo, cum grandibus aftris.
Clarius ipfe nitens, & primo major Eoo.
5 Exultent leges Latiæ: gaudete, curules;
Et feptemgemino jactantior æthera pulfet
Roma jugo: plufque ante alias Evandrius arces
Collis ovet. fubiere novi Palatia fafces,
Et requiem bis fextus honos, precibufque receptis
10 Cura Cæfareum gaudet viciffe pudorem.
Ipfe etiam immenfi reparator maximus ævi
Attollit vultus, & utroque a limine grates
Janus agit: quem tu, vicina Pace ligatum,
Omnia juffifti componere bella, novique
15 In leges jurare fori. levat ecce fupinas
Hinc atque inde manus, geminaque hac voce profatur:
SALVE, magne parens mundi; qui fæcula mecum
Inftaurare paras: talem te cernere femper

                                Menfe

Mense meo tua Roma cupit: sic tempora nasci,
20 Sic annos intrare decet. da gaudia fastis
Continua; hos humeros multo sinus ambiat ostro,
Et properata tuæ manibus prætexta Minervæ.
Aspicis ut templis alius nitor, altior aris
Ignis & ipsa meæ tepeant tibi sidera brumæ.
25 Moribus atque tuis gaudent turmæque, tribusque,
Purpureique Patres; lucemque a consule ducit
Omnis honos. quid tale, precor, prior annus habebat?
Dic age, Roma potens, & mecum longa Vetustas
Dinumera fastos; nec parva exempla recense,
30 Sed quæ sola meus dignetur vincere Cæsar.
Ter Latios deciesque tulit, labentibus annis,
Augustus fasces; sed coepit sero mereri:
Tu juvenis prægressus avos. En quanta recusas,
Quanta vetas! flectere tamen; precibusque Senatus
35 Permittes hanc sæpe diem. manet insuper ordo
Longior, & totidem felix tibi Roma curules
Terque quaterque dabit. mecum altera sæcula condes,
Et tibi longævi revocabitur ara Terenti.
Mille trophæa feres; tantum permitte triumphos.
40 Restat Bactra novis, restat Babylona tributis
Frenari: nondum in gremio Jovis Indica laurus,
Nondum Arabes, Seresque rogant; nondum omnis honorem
Annus habet, cupiuntque decem tua nomina menses.
Sic Janus, clausoque libens se poste recepit.
45 Tunc omnes patuere fores, lætoque dederunt

Signa

Signa polo ; longamque tibi, Dux magne, juventam
Annuit, atque fuos promifit Juppiter annos.

II.

EUCHARISTICON AD IMP. AUGUST. GERMANICUM DOMITIANUM.

REGIA Sidoniæ convivia laudat Elifæ
    Qui magnum Æneam Laurentibus intulit arvis :
Alcinoique dapes manfuro carmine monftrat
Æquore qui multo reducem confumpfit Ulixen :
5 Aft ego, cui facræ Cæfar nova gaudia cenæ
Nunc primum, dominaque dedit confurgere menfa,
Qua celebrem mea vota lyra, quas folvere grates
Sufficiam ? non, fi pariter mihi vertice læto
Nectat adoratas & Smyrna & Mantua lauros,
10 Digna loquar. mediis videor difcumbere in aftris
Cum Jove, & Iliaca porrectum fumere dextra
Immortale merum. fteriles tranfmifimus annos ;
Hæc ævi mihi prima dies, hæc limina vitæ.
Tene ego, regnator terrarum, orbifque fubacti
15 Magne parens, te, fpes hominum, te, cura deorum,
Cerno jacens ? datur hac juxta, datur ora tueri
Vina inter, menfafque, & non affurgere fas eft ?
Tectum auguftum, ingens, non centum infigne columnis,
Sed quantæ Superos cælumqne, Atlante remiffo,

20 Suftentare

20 Suſtentare queant. ſtupet hoc vicina Tonantis
Regia, teque pari lætantur ſede locatum
Numina, ne magnum properes eſcendere cælum ι
Tanta patet moles, effuſæque impetus aulæ
Liberior campi; multumque amplexus aperti
25 Ætheros, & tantum domino minor : ille penates
Implet, & ingenti Genio juvat. Æmulus illic
Mons Libys, Iliacuſque nitent, & multa Syene,
Et Chios, & glauca certantia Doride ſaxa,
Lunaque portandis tantum ſuffecta columnis.
30 Longa ſuper ſpecies : feſſis vix culmina prendas
Viſibus, auratique putes laquearia cæli.
Hic cum Romuleos proceres trabeataque Cæſar
Agmina mille ſimul juſſit diſcumbere menſis,
Ipſa ſinus accincta Ceres, Bacchuſque laberant
35 Sufficere. ætherei felix ſic orbita fluxit
Triptolemi : ſic vitifero ſub palmite nudos
Umbravit colles, & ſobria rura Lyæus.
Sed mihi non epulas, Indiſve innixa columnis
Robora Maurorum, famulaſve ex ordine turmas ;
40 Ipſum, ipſum cupido tantum ſpectare vacavit
Tranquillum vultus, & majeſtate ſerena
Mulcentem radios, ſummittentemque modeſte
Fortunæ vexilla ſuæ : tamen ore nitebat
Diſſimulatus honos. talem quoque barbatus hoſtis
45 Poſſet, & ignotæ conſpectum agnoſcere gentes.
Non aliter gelida Rhodopes in valle recumbit

Dimiffiis Gradivus equis: fic lubrica ponit
Membra Therapnæa refolutus gymnade Pollux:
Sic jacet ad Gangen, Indis ululantibus, Evan:
50 Sic gravis Alcides poft horrida juffa novercæ
Gaudebat ftrato latus acclinare leoni.
Parva loquor, nec dum æquo tuos, Germanice, vultus:
Talis ubi Oceani finem, menfafque revifit
Æthiopum, facros diffufus nectare vultus
55 Dux Superûm, fecreta jubet dare carmina Mufas,
Et Pallenæos Phœbum laudare triumphos.
Dî tibi (namque animas fæpe exaudire minores
Dicuntur) patriæ bis terque exire fenectæ
Annuerint fines! rata numina miferis aftris,
60 Templaque des, habilefque domos! fæpe annua pandas
Limina, fæpe novo Janum lictore falutes;
Sæpe coronatis iteres Quinquennia luftris!
Qua mihi, felices epulas menfæque dedifti
Sacra tuæ, talis longo poft tempore venit
65 Lux mihi Trojanæ qualis fub collibus Albæ
Cum modo Germanas acies, modo Daca fonantem
Prælia, Palladio tua me manus induit auro.

III.

VIA DOMITIANA.

QUIS duri filicis gravifque ferri
Immanis fonus æquori propinquum

Saxofæ latus Appiæ replevit?
Certe non Libycæ fonant catervæ,
5 Nec dux advena, pejerate bello,
   Campanos quatis inquietus agros:
   Nec frangit vada, montibufque cæfis
   Inducit Nero fordidas paludes.
   Sed qui limina bellicofa Jani
10 Juftis legibus, & foro coronat:
   Qui caftæ Cereri diu negata
   Reddit jugera, fobriafque terras:
   Qui fortem vetat interire fexum;
   Et Cenfor prohibet mares adultos
15 Pulchræ fupplicium timere formæ:
   Qui reddit Capitolio Tonantem;
   Et Pacem propria domo reponit;
   Qui genti patriæ futura femper
   Sancit limina, Flaviumque culmen;
20 Hic, cœno bibulo viam gravante,
   Et campis iter amne detinente,
   Longos eximit ambitus, novoque
   Injectu folidat graves arenas;
   Gaudens Euboïcæ domum Sibyllæ,
25 Gauranofque finus, & æftuantes
   Septem montibus admovere Baias.
   Hic quondam piger axe vectus udo
   Nutabat cruce pendula viator;
   Sorbebatque rotas maligna tellus;

30 Et plebs in mediis Latina campis
    Horrebat mala navigationis :
    Nec curfus agiles, & impeditum
    Tardabant iter orbitæ tacentes,
    Dum pondus nimium querens fub alta
35 Repit languida quadrupes ftatera :
    At nunc, quæ folidum diem terebat,
    Horarum via facta vix duarum.
    Non tenfæ volucrum per aftra pennæ,
    Nec velocius ibitis, carinæ.
40 Hic primus labor inchoare fulcos,
    Et refcindere limites, & alto
    Egeftu penitus cavare terras :
    Mox, hauftas aliter replere foffas,
    Et fummo gremium parare dorfo,
45 Ne nutent fola, ne maligna fedes,
    Et preffis dubium cubile faxis.
    Tunc umbonibus hinc & hinc coactis,
    Et crebris iter alligare gomphis.
    O quantæ pariter manus laborant !
50 Hi cædunt nemus, exuuntque montes,
    Hi ferro fcopulos trabefque lævant ;
    Illi faxa ligant, opufque texunt
    Cocto pulvere fordidoque topho ;
    Hi ficcant bibulas manu lacunas,
55 Et longe fluvios agunt minores.
    Hæ poffent & Athon cavare dextræ,

Et mœstum pelagus gementis Helles
Intercludere ponte non natanti.
His parvus, Lechio nihil vetante,
60 Inous freta miscuisset Isthmos.
Fervent littora, mobilesque silvæ;
It longus medias fragor per urbes:
Atque Echo simul hinc & inde fractam
Gauro Massicus uvifer remittit.
65 Miratur sonitum quieta Cyme,
Et Literna palus, pigerque Savo.
At flavum caput, humidumque late
Crinem mollibus impeditus ulvis
Vulturnus levat ora, maximoque
70 Pontis Cæsarei reclinis arcu
Raucis talia faucibus redundat :
CAMPORUM bone conditor meorum,
Qui me vallibus aviis refusum
Et ripas habitare nescientem
75 Recti legibus alvei ligasti :
Et nunc ille ego turbidus, minaxque,
Vix passus dubias prius carinas,
Jam pontem fero, perviusque calcor;
Qui terras rapere, & rotare silvas
80 Assueram (pudet), Amnis esse cœpi :
Sed grates ago, servitusque tanti est,
Quod sub te duce, te jubente, cessi;
Quod tu maximus arbiter, meæque

Victor

Victor perpetuus legere ripæ.

85 Et nunc limite me colis beato,
Nec fordere finis, malumque late
Deterges fterilis foli pudorem ;
Ne me pulvereum, gravemque cœno
Tyrrheni finus obruat profundi ;

90 (Qualis Cinyphius tacente ripa
Pœnos Bagrada ferpit inter agros)
Sed talis ferar, ut nitente curfu
Tranquillum mare proximumque poffim
Puro gurgite provocare Lirim.

95 Hæc Amnis : pariterque fe levabat
Ingenti plaga marmorata dorfo :
Hujus janua, profperumque limen
Arcus, belligeri Ducis trophæis
Et totis Ligurum nitens metallis,

100 Quantus nubila qui coronat imbri.
Illic flectitur excitus viator;
Illic Appia fe dolet relinqui.
Tunc velocior acriorque curfus,
Tunc ipfos juvat impetus jugales.

105 Ceu feffis ubi remigum lacertis
Primæ, carbafa ventilatis, auræ.
Ergo omnes, age, quæ fub axe primo
Romani colitis fidem parentis,
Prono limite commeate gentes.

110 Eoæ citius venite laurus,

Nil obſtat cupidis, nihil moratur.
Qui primo Tyberim reliquit ortu,
Primo veſpere navigat Lucrinum.
Sed quam fine viæ recentis imo,
115 Qua monſtrat veteres Apollo Cumas,
Albam crinibus, infuliſque cerno?
Viſu fallimur? an facris ab antris
Profert Chalcidicas Sibylla laurus?
Cedamus; chely, jam repone cantus;
120 Vates ſanctitor incipit; tacendum eſt.
En! & colla rotat, noviſque late
Bacchatur ſpatiis, viamque replet.
Tunc ſic virgineo profatur ore:
DICEBAM, veniet (manete campi,
125 Atque amnis) veniet, favente cælo,
Qui fœdum nemus & putres arenas
Celſis pontibus, & via levabit.
En! hic eſt Deus; hunc jubet beatis
Pro ſe Juppiter imperare terris:
130 Quo non dignior has ſubit habenas,
Ex quo, me duce, præſcios Averni
Æneas avide futura quærens
Lucos & penetravit, & reliquit.
Hic paci bonus, hic timendus armis,
135 Natura melior, potentiorque.
Hic ſi flammiferos teneret axes,
Largis India nubibus maderet,

Undaret

Undaret Libye, teperet Æmus.

Salve, dux hominum, & parens deorum,

140 Prævifum mihi, cognitumque numen.

Nec jam putribus evoluta chartis

Solemni prece Quindecim virorum

Perluftra mea dicta; fed canentem

Ipfam cominus (ut mereris) audi:

145 Vidi quam feriem morantis ævi

Proneclant tibi candidæ forores:

Magnus te manet ordo fæculorum:

Natis longior abnepotibufque,

Annos perpetua geres juventa,

150 Quot fertur placidos obiffe Neftor,

Quot Tithonia computat feneclus,

Et quantos ego Delium popofci.

Juravit tibi jam nivalis Arctos;

Nunc magnos Oriens dabit triumphos.

155 Ibis qua vagus Hercules, & Evan,

Ultra fidera, flammeumque folem,

Et Nili caput, & nives Atlantis:

Et laudum cumulo beatus omni

Scandes belliger, abnuefque currus:

160 Donec Troïcus ignis, & renatæ

Tarpeius Pater intonabit aulæ;

Hæc donec via, te regente terras,

Annofa magis Appia fenefcat.

IV. AD

IV.

AD VICTORIUM MARCELLUM
EPISTOLA.

CURRE per Euboicos non fegnis, epiſtola, campos;
Hac ingreſſa vias, qua nobilis Appia crefcit
In latus, & molles folidus premit agger arenas.
Atque ubi Romuleas velox penetraveris arces,
5 Continuo dextras flavi pete Tybridis oras,
Lydia qua penitus ſtagnum navale coërcet
Ripa, ſuburbaniſque vadum prætexitur hortis.
Illic egregium formaque animiſque videbis
Marcellum, & celſo præſignem vertice noſces.
10 Cui primum ſolito vulgi de more ſalutem,
Mox incluſa modis hæc reddere verba memento :
JAM terras volucremque polum fuga veris aquofi
Laxat, & Icariis cælum latratibus urit :
Ardua jam denſæ rareſcunt mœnia Romæ.
15 Hos Præneſte ſacrum, nemus hos glaciale Dianæ,
Algidus aut horrens, aut Tuſcula protegit umbra :
Tiburis hi lucos, Anienaque frigora captant.
Te quoque clamoſæ quænam plaga mitior urbi
Subtrahit ? æſtivos quo decipis ære ſoles ?
20 Quid, tuus ante omnes, tua cura potiſſima Gallus

Nec non noster amor, (dubium morumne probandus
Ingeniine bonis) Latiis aestivat in oris ?
Anne metalliferae repetit jam moenia Lunae
Tyrrhenasque domos ? quod si tibi proximus haeret,
25 Non ego nunc vestro procul a sermone recedo :
Certum est : inde sonus geminas mihi circuit aures.
Sed tu, dum nimio possessa Hyperione flagrat
Torva Cleonaei juba sideris, exue curis
Pectus, & assiduo temet furare labori.
30 Et fontes operit pharetras, arcumque retendit
Parthus ; & Eléos auriga, laboribus actis,
Alpheo permulcet equos : & nostra fatiscit
Laxaturque chelys. vires instigat, alitque
Tempestiva quies : major post otia virtus.
35 Talis cantata Briseïde venit Achilles
Acrior, & positis erupit in Hectora plectris.
Te quoque flammabit tacite repetita parumper
Desidia, & solitos novus exultabis in actus.
Certe jam Latiae non miscent jurgia leges,
40 Et pacem piger annus habet : messesque reversae
Dimisere forum. nec jam tibi turba reorum
Vestibulo, querulive rogant exire clientes.
Cessat Centeni moderatrix Judicis hasta,
Qua tibi sublimi jam nunc celeberrima fama
45 Eminet, & juvenes facundia praeterit annos.
Felix curarum ! cui non Heliconia cordi
Serta, nec imbelles Parnasi e vertice laurus :

Sed

Sed viget ingenium, & magnos accinctus in usus
Fert animus quascunque vices. nos otia vitæ
50 Solamur cantu, ventosaque gaudia famæ
Quærimus. En egomet somnum, & geniale secutus
Littus, ubi Ausonio se condidit hospita portu
Parthenope, tenues ignavo pollice chordas
Pulso, Maroneique sedens in margine templi
55 Sumo animum, & magni tumulis accanto magistri :
At tu, si longi cursum dabit Atropos ævi,
(Detque, precor) Latiique ducis si numina pergent,
(Quem tibi posthabito studium est coluisse Tonante,
Quique tuos alio subtexit munere fasces,
60 Et spatia antiquæ mandat renovare Latinæ)
Forsitan Ausonias ibis frenare cohortes,
Aut Rheni populos, aut nigræ littora Thules
Aut Istrum servare latus, metuendave portæ
Limina Caspiacæ. nec enim tibi sola potentis
65 Eloquii virtus ; sunt membra accommoda bellis,
Quique gravem tardi subeant thoraca lacerti.
Seu campo pedes ire paras, est agmina supra
Nutaturus apex ; seu frena sonantia flectes,
Serviet asper equus. Nos facta aliena canendo
70 Vergimur in senium : propriis tu pulcher in armis
Ipse canenda geres, patriæque exempla parabis.
Magna pater, dignosque etiamnum belliger actus
Poscit avus, præstatque domi novisse triumphos.
Surge agedum, juvenemque puer deprende parentem,

Q 2 75 Stem.

75 Stemmate materno felix, virtute paterna.
   Jam te blanda sinu Tyrio sibi Curia felix
   Educat, & cunctas gaudet spondere curules.
   Hæc ego Chalcidicis ad te, Marcelle, sonabam
   Littoribus, fractas ubi Vesbius erigit iras,
80 Æmula Trinacriis volvens incendia flammis.
   Mira fides! credetne virum ventura propago,
   Cum segetes iterum, cum jam hæc deserta virebunt,
   Infra urbes populosque premi, proavitaque toto
   Rura abiisse mari? nec dum letale minari
85 Cessat apex. procul ista tuis, Tifata, Teate,
   Nec Marrucinos agat hæc insania montes.
   Nunc si forte meis quæ sint exordia Musis
   Scire petis, jam Sidonios emensa labores
   Thebaïs optato collegit carbasa portu:
90 Parnasique jugis, silvaque Heliconide festis
   Tura dedit flammis, & virginis exta juvencæ
   Votiferaque meas suspendit ab arbore vittas.
   Nunc vacuos crines alio subit infula nexu:
   Troja quidem, magnusque mihi tentatur Achilles;
95 Sed vocat arcitenens alio pater, armaque monstrat
   Ausonii majora ducis. trahit impetus illo
   Jam pridem, retrahitque timor. stabuntne sub illa
   Mole humeri? an magno vincetur pondere cervix?
   Dic, Marcelle, feram? fluctus an sueta minores
100 Nosse ratis, nondum Ioniis credenda periclis?
   Jamque vale, & penitus noti tibi vatis amorem

Corde

105 Corde exire veta, nec enim Tirynthius almæ,
Pectus amicitiæ, cedit tibi gloria fidi
Theseos, & lacerum qui circa mœnia Trojæ
Priamidem, cæso solatia traxit amico.

V.

CARMEN LYRICUM AD SEPT. SEVERUM.

PARVI beatus ruris honoribus,
    Qua prisca Teucros Alba colit lares,
Fortem atque facundum Severum
    Non solitis fidibus saluto.
5 Jam trux ad arctos Parrhasias hiems
Concessit altis obruta solibus;
    Jam pontus, ac tellus renident,
        Jam Zephyris Aquilo refractus.
Nunc cuncta vernans frondibus annuis
10 Crinitur arbos; nunc volucrum novi
    Questus, inexpertumque carmen,
        Quod tacita statuere bruma.
Nos parca tellus, pervigil & focus,
Culmenque multo lumine sordidum
15   Solantur, exemtusque testa
        Qua modo ferbuerat Lyæus.

Non

Non mille balant lanigeri greges,
Nec vacca dulci mugit adultero :
Unique fi quando canenti
20   Mutus ager domino reclamat.
Sed terra primis poft patriam mihi
Dilecta curis : hic mea carmina
Regina bellorum virago
Cæfareo peraravit auro :
25 Cum tu fodalis dulce periculum
Connifus omni pectore tolleres ;
Ut Caftor ad cunctos tremebat
Bebryciæ ftrepitus arenæ.
Tene in remotis Syrtibus avia
30 Leptis creavit ? jam feret Indicas
Meffes, odoratifque rara
Cinnama præripiet Sabæis.
Quis non in omni vertice Romuli
Reptaffe dulcem Septimium putet ?
35   Quis fonte Juturnæ, relictis
Uberibus, neget effe paftum ?
Nec mira virtus. protenus Aufonum
Portus, vadofæ nefcius Africæ
Intras, adoptatufque Tufcis
40   Gurgitibus puer innatafti.
Hic parvus, inter pignora Curiæ,
Contentus arto lumine purpuræ,
Crefcis ; fed immenfos labores

Indole

Indole patricia fecutus.

45 Non fermo Poenus, non habitus tibi,

Externa non mens : Italus, Italus.

Sunt Urbe Romanifque turmis

Qui Libyam deceant alumni.

Eft & fremnenti vox habilis foro,

50 Venale fed non eloquium tibi ;

Enfifque vagina quiefcit

Stringere ni jubeant amici.

Sed rura cordi fæpius & quies,

Nunc in paternis fedibus & folo

55 Veiente, nunc frondofa fupra

Hernica, nunc Curibus vetuftis.

Hic plura pones vocibus & modis

Paffim folutis : fed memor interim

Noftri, verecundo latentem

60 Barbiton ingemina fub antro.

VI.

HERCULES EPITRAPEZIOS NONII VINDICIS.

FORTE remittentem curas, Phœboque levatum
   Pectora, cum patulis tererem vagus otia feptis,
Jam moriente die, rapuit me cæna benigni
                                    Vindicis.

Vindicis. hæc imos animi perlapfa receffus

5 Inconfumpta manet. neque enim ludibria ventris
Haufimus, aut epulas diverfo e fole petitas,
Vinaque perpetuis ævo certantia faftis.
Ah miferi, quos noffe juvat, quid Phafidis ales
Diftet ab hiberna Rhodopes grue: quis magis anfer
10 Exta ferat: cur Thufcus aper generofior Umbro:
Lubrica qua recubent conchylia mollius alga.
Nobis verus amor, medioque Helicone petitus
Sermo, hilarefque joci brumalem abfumere noctem
Suaferunt, mollemque oculis expellere fomnum;
15 Donec ab Elyfiis profpexit fedibus alter
Caftor, & hefternas rifit Tithonia menfas.
O bona nox! junctaque utinam Tirynthia luna!
Nox, & Erythræis Thetidis fignanda lapillis,
Et memoranda diu, geniumque habitura perennem.
20 Mille ibi tunc fpecies ærifque eborifque vetufti,
Atque locuturas mentito corpore ceras
Edidici. quis namque oculis certaverit ufquam
Vindicis, artificum veteres agnofcere ductus,
Et non infcriptis auctorem reddere fignis?
25 Hic tibi quæ docto multum vigilata Myroni
Æra, laboriferi vivant quæ marmora cælo
Praxitelis, quod ebur Pifæo pollice rafum,
Quod Polycletæis juffum eft fpirare caminis,
Linea quæ veterem longe fateatur Apellem,
30 Monftrabit: namque hæc, quoties chelyn exuit ille,

Defidia

Defidia eft; hic Aoniis amor avocat antris!
Hæc inter, caftæ Genius tutelaque menfæ
Amphitryoniades, multo mea cepit amore
Pectora, nec longo fatiavit lumina vifu:
35 Tantus honos operi, finefque inclufa per artos
Majeftas! Deus ille, Deus; fefeque videndum
Indulfit Lyfippe tibi, parvufque videri
Sentirique ingens, & cum mirabilis intra
Stet menfura pedem, tamen exclamare libebit;
40 (Si vifus per membra feras) hoc pectore preffus
Vaftator Nemees; hæc exitiale ferebant
Robur, & Argoos frangebant brachia remos.
Hoc fpatio, tam magna, brevi, mendacia formæ!
Quis modus in dextra, quanta experientia docti
45 Artificis curis, pariter geftamina menfæ
Fingere, & ingentes animo verfare coloffos?
Tale nec Idæis quicquam Telchines in antris,
Nec folidus Brontes, nec qui polit arma deorum
Lemnius, exigua potuiffet ludere maffa.
50 Nec torva effigies epulifque aliena remiffis;
Sed qualem parci domus admirata Molorchi,
Aut Aleæ lucis vidit Tegeæa facerdos:
Qualis & Oetæis emiffus in aftra favillis
Nectar adhuc torva lætus Junone bibebat:
55 Sic mitis vultus, veluti de pectore gaudens
Hortetur menfas. tenet hæc marcentia fratris
Pocula, at hæc clavæ meminit manus: afperæ fedes

Suftinet, occultum Nemexo tegmine faxum.
Digna operi fortuna facro : Pallxus habebat
60 Regnator lætis numen venerabile menfis,
Et comitem Occafus fecum portabat & ortus :
Prenfabatque libens modo qua diademata dextra
Abftulerat dederatque, & magnas verterat urbes.
Semper ab hoc animos in craftina bella petebat,
65 Huic acies victor femper narrabat opimas,
Sive catenatos Bromio detraxerat Indos,
Seu claufam magna Babylona refregerat hafta,
Seu Pelopis terras libertatemque Pelafgam
Obruerat bello : magnoque ex agmine laudum
70 Fertur Thebanos tantum excufaffe triumphos.
Ille etiam, magnos fatis rumpentibus actus,
Cum traberet letale merum, jam mortis opaca
Nube gravis, vultus alios in numine caro
Æraque fupremis tenuit fudantia menfis.
75 Mox Nafamoniaco decus admirabile regi
Poffeffum ; fortique Deo libavit honores
Semper atrox dextra perjuroque enfe fuperbus
Annibal. Italicæ perfufum fanguine gentis,
Diraque Romuleis portantem incendia tectis
80 Oderat, & cum epulas, & cum Lenæa dicaret
Dona, Deus caftris mœrens comes iffe nefandis.
Præcipue cum facrilega face mifcuit arces
Ipfius, immeritæque domos ac templa Sagunti
Polluit, & populis furias immifit honeftas.

85 Nec poſt Sidonii lethum ducis ære potita
   Egregio plebeïa domus: convivia Syllæ
   Comebat ſemper claros intrare penates
   Aſſuetum, & felix dominorum ſtemmate ſignum.
   Nunc quoque (ſi mores humanaque pectora curæ
90 Noſſe Deis) non aula quidem, Tirynthie, nec te
   Regius ambit honos: ſed caſta, ignaraque culpæ
   Mens domini, cui priſca fides, cœptæque perenne
   Fœdus amicitiæ. ſcit adhuc florente ſub ævo
   Par magnis Veſtinus avis, quem nocte dieque
95 Spirat, & in caræ vivit complexibus umbræ.
   Hic igitur tibi læta quies, fortiſſime Divûm
   Alcide: nec bella vides pugnaſque feroces,
   Sed chelyn, & vittas, & amantes carmina laurus.
   Hic tibi ſolenni memorabit carmine, quantus
100 Iliacas Geticaſque domos, quantuſque nivalem
   Stymphalon, quantuſque jugis Erimanthon aquoſis
   Terrueris: quem te pecoris poſſeſſor Iberi,
   Quem tulerit ſævæ Mareoticus arbiter aræ.
   Hic penetrata tibi ſpoliataque limina Mortis
105 Concinet, & fientes Libyæ, Scythiæque puellas,
   Nec te regnator Macetûm, nec barbarus unquam
   Annibal, aut ſævi poſſet vox horrida Syllæ
   His celebrare modis. certe tu muneris author
   Non aliis malles oculis, Lyſippe, probari.

R 2   VII. LYRI-

VII.

LYRICUM AD MAXIMUM JUNIUM.

J AMDIU lato spatiata campo
 Fortis heroos Erato labores
Differ, atque ingens opus in minores
  Contrahe gyros.
5 Tuque regnator Lyricæ cohortis
 Da novi paulum mihi jura plectri,
Si tuas cantu Latio sacravi,
  Pindare, Thebas.
Maximo carmen tenuare tento:
10 Nunc ab intonsa capienda myrto
 Serta; nunc major sitis; & bibendus
  Castior amnis.
Quando te dulci Latio remittent
 Dalmatæ montes? ubi Dite viso
15 Pallidus fossor redit, erutoque
  Concolor auro.
Ecce me natum propriore terra
 Non tamen portu retinent amœno
Desides Baiæ, liticenve notus
20 Hectoris armis.
 Torpor est nostris sine te Camœnis;
 Tardius sueto venit ipse Thymbræ

            Rector

Rector, & primis meus ecce metis
    Hæret Achilles.
25 Quippe, te fido monitore, nostra
    Thebais multa cruciata lima
    Tentat audaci fide Mantuanæ
        Gaudia famæ.
    Sed damus lento veniam, quod alma
30 Prole fundasti vacuos penates.
    O diem lætum ! venit ecce nobis
        Maximus alter.
    Orbitas omni fugienda nisu,
    Quam premit votis inimicus hæres,
35 Optimo poscens (pudet heu) propinquum
        Funus amico.
    Orbitas nullo tumulata fletu.
    Stat domo capta cupidus superstes
    Imminens leti spoliis, & ipsum
40   Computat ignem.
    Duret in longum generosus infans,
    Perque non multis iter expeditum
    Crescat in mores patrios, avumque
        Provocet actis !
45 Tu tuos parvo memorabis enses,
    Quos ad Eoum tuleris Orontem
    Signa frenatæ moderatus alæ
        Castore dextro :
    Ille, ut invicti rapidum secutus

                                    Cæsaris

50 Cæfaris fulmen, refugis amaram
    Sarmatis legem dederit, fub uno
        Vivere cælo.
    Sed tuas artes puer ante difcat,
    Omne quîs mundi fenium remenfus
55 Orfa Sallufti brevis, & Timavi
        Reddis alumnum.

VIII.

AD JULIUM MENECRATEM OB
PROLEM

PANDE fores Superum, vittataque templa Sabæis
   Nubibus & pecudum fibris fpirantibus imple
Parthenope : clari genus ecce Menecratis auget
Tertia jam foboles : procerum tibi nobile vulgus
5 Crefcit, & infani folatur damna Vefevi.
Nec folum feftas fecreta Neapolis aras
Ambiat : & focii portus, dilectaque mitis
Terra Dicarcheæ, nec non plaga cara madenti
Surrentina Deo fertis altaria cingat ;
10 Materni qua littus avi, quem turba nepotum
Circuit, & fimiles contendit reddere vultus.
Gaudeat & Libyca præfignis avunculus hafta ;
Quæque fibi genitos putat, attollitque benigno

Polla finu. macte o juvenis, qui tanta merenti
15 Lumina das patriæ. dulci fremit ecce tumultu
Tot dominis clamata domus. procul atra recedat
Invidia, atque alio liventia pectora flectat.
His fenium, longæque decus virtutis, & alba
Atropos, & patrius laurus promittit Apollo.
20 Ergo quod Aufoniæ pater augustiffimus urbis
Jus tibi tergeminæ dederat lætabile prolis,
Omen erat. venit toties Lucina, plumque
Intravit repetita larem. fic fertilis oro
Stet domus, & donis nunquam nudata facratis.
25 Macte, quod & proles tibi fæpius aucta virili
Robore: fe juveni lætam dat virgo parenti:
Aptior his virtus, citius dabit illa nepotes.
Qualis maternis Helene jam digna palæstris
Inter Amyclæos reptabat candida fratres:
30 Vel qualis cæli facies, ubi nocte ferena
Admovere jubar mediæ duo fidera Lunæ.
Sed queror haud faciles, juvenum rariffime, queftus,
Irafcorque etiam, quantum irafcuntur amantes.
Tantane me decuit vulgari gaudia fama
35 Nofcere? cumque tibi vagiret tertius infans,
Protinus ingenti non venit nuntia curfu
Littera, quæ feftos cumulare altaribus ignes,
Et redimire chelyn, poftefque ornare juberet,
Albanoque cadum fordentem promere fumo,
40 Et creta fignare diem? fed tardus inerfque

Nunc

Nunc demum mea vota cano? tua culpa, tuusque
Hic pudor. ulterius sed enim producere questus
Non licet: en hilaris circunstat turba tuorum,
Defensatque patrem. quem non hoc agmine vincas?

45 Di Patrii, quos auguriis super æquora magnis
Littus ad Ausonium devexit Abantia classis;
Tu, ductor populi longe emigrantis, Apollo,
Cujus adhuc volucrem læva cervice sedentem
Respiciens blande felix Eumelis adorat;

50 Tuque, Actæa Ceres, cursu cui semper anhelo
Votivam taciti quassamus lampada mystæ:
Et vos, Tyndaridæ, quos non horrenda Lycurgi
Taygeta, umbrosæve magis coluere Therapnæ,
Hos cum plebe sua patrii servate Penates.

55 Sint qui fessam ævo crebrisque laboribus urbem
Voce opibusque juvent, viridique in nomine servent.
His placidos genitor mores, largumque nitorem
Monstret avus; pulchræ studium virtutis uterque.
Quippe & opes, & origo sinunt, hanc, lampade prima

60 Patritias intrare fores; hos, pube sub ipsa
(Si modo prona bonis invicti Cæsaris adfint
Numina) Romulei limen pulsare Senatus.

IX. RISUS

IX.

RISUS SATURNALITIUS AD
PLOTIUM GRYPHUM.

EST fane jocus iste, quòd libellum
   Mififti mihi, Gryphe, pro libello.
Urbanum tamen hoc poteft videri,
Si poft hoc aliquid mihi remittas :
5 Nam fi ludere, Gryphe, perfeveras,
Non ludis. licet, ecce, computemus :
Nofter purpureus novufque charta,
Et binis decoratus umbilicis,
Præter me, mihi conftitit decuffis.
10 Tu rofum tineis fituque putrem,
Quales aut Libycis màdent olivis,
Aut thus Niliacum, piperve fervant,
Aut Byzantiacos olent lacertos ;
Nec faltem tua dicta continentem
15 Quæ trino juvenis foro tonabas,
Aut centum prope judices, prius quam
Te Germanicus arbitrum fequenti
Annonæ dedit, omniumque late
Præfecit ftationibus viarum ;
20 Sed Bruti fenis ofcitationes
De capfa miferi libellionis,

Emptum plus minus affe Caïano,
Donas, ufque adeone defuerunt
Sciffis pilea futa de lacernis?

25 Vel mantilia, luridæve mappæ?
Chartæ, Thebaïcæve, caricæve?
Nufquam turbine conditus ruenti
Prunorum globus, atque coctanorum?
Non ellychnia ficca, non replictæ

30 Bulborum tunicæ, nec ova tantum?
Non leves alicæ, nec afperum far?
Nufquam Cinyphiis vagata campis
Curvarum domus uda cochlearum?
Non lardum breve, debilifve perna?

35 Non Lucanica, non graves Phalifci,
Non fal, oxyporumve, cafeufve,
Aut panes viridantis aphronitri,
Vel paffum pfythiis fuis recoctum,
Dulci defruta vel lutofa cœno?

40 Quantum vel dare cereos olentes,
Cultellum, tenuefve codicillos?
Ollares, rogo, non licebat uvas,
Cumano patinas vel orbe tortas,
Aut unam dare fynthefin (quid horres?)

45 Alborum calicum, atque caccaborum?
Sed certa velut æquus in ftatera,
Nil mutas, fed idem nihil rependis.
Quid? fi cum bene mane femicrudus

Illatam

Illatam tibi dixero falutem,
50 Et tu me vicibus domi falutes?
Aut eum me dape juveris opima,
Expectes fimiles & ipfe cenas?
Irafcor tibi, Gryphe. fed valebis:
Tantum ne mihi, quo foles lepore,
55 Et nunc hendecafyllabos remittas.

S 2   P. PAPI-

P. PAPINII STATII.

SYLVARUM

LIBER QUINTUS.

AD ABASCANTIUM.

OMNIBUS affectibus profequenda funt bona exempla cum publice profint. Pietas, quam Prif-
cillæ tuæ præftas, & morum tuorum pars eft,
& nulli non conciliare te, præcipue marito, poteft. Uxorem enim vivam amare, voluptas eft, defunctam religio.
Ego tamen huic operi non ut unus e turba, nec tantum
quafi officiofus affilui, amavit enim uxorem meam Prifcilla, & amando fecit mihi illam probatiorem. poft hoc
ingratus fum fi lacrimas tuas tranfeo. Præterea, latus
omne divinæ domus femper demereri pro mea mediocri-
tate conaitor. nam qui bona fide Deos colit, amat & fa-
cerdotes. Sed quamvis propiorem nexum amicitiæ tuæ
jampridem cuperem, mallem tamen nondum interveniffe
materiam. ***** RELIQUA DESUNT.

I. ABAS-

I.

ABASCANTII IN PRISCILLAM
PIETAS.

SI manus aut fimiles docilis mihi fingere ceras,
   Aut ebur, impreffis aurumve animare figuris;
Hinc, Prifcilla, tuo folatia grata marito
Conciperem. namque egregia pietate meretur
5 Ut vel Apelleo vultus fignata colore,
Phidiaca vel nata manu, reddare dolenti:
Sic auferre rogis umbram conatur, & ingens
Certamen cum Morte gerit, curafque fatigat
Artificum, inque omni te quærit amare metallo.
10 Sed mortalis honos, agilis quem dextra laborat.
Nos tibi, laudati juvenis rariffima conjux,
Longa, nec obfcurum finem latura, perenni
Teptamus dare jufta lyra: modo dexter Apollo,
Quique venit juncto mihi femper Apolline Cæfar,
15 Annuat. haud alio melius condere fepulchro.
Sera quidem tanto ftruitur medicina dolori,
Altera oum volucris Phœbi rota torqueat annum:
Sed cum plaga recens, & adhuc in vulnere primo
 Ægra domus queftu, miferamque acoeffus ad aurem.
20 Conjugis orbati, tunc flere & fcindere veftes
Et famulos laffare greges, & vincere planctus,

                Fataque,

Fataque, & injuftos rabidis pulfare querelis
Cælicolas, folamen erat. licet ipfe levandos
Ad gemitus filvis comitatus & amnibus Orpheus
25 Afforet, átque omnis pariter matertera vatem,
Omnis Apollineus tegeret Bacchique facerdos ;
Nil cantus, nil fila, deis pallentis Averni
Eumenidumque audita comis, mulcere valerent :
Tantus in attonito regnabat pectore luctus !
30 Nunc etiam ad planctus refugit jam plana cicatrix
Dum canimus, gravibufque oculis uxorius inftat
Imber. habentne pios etiamnum hæc lumina fletus ?
Mira fides ! citius genitrix Sipylea feretur
Exhaufiffe genas ; citius Tithonida mœfti
35 Deficient rores, aut exficcata fatifcet
Mater Achilleis hiemes affrangere buftis.
Macte animi : notat ifta Deus, qui flectit habenas
Orbis, & humanos proprior Jove digerit actus ;
Mœrentemque videt, lectique arcana miniftri
40 Hinc etiam documenta capit, quod diligis umbram
Et colis exequias. hic eft caftiffimus ardor ;
Hic amor a Domino meritus Cenfore probari.
Nec mirum, fi vos collato pectore mixtos
Junxit inabrupta Concordia longa catena.
45 Illa quidem, nuptuque prior, tædafque marito
Paffa alió ; fed te ceu virginitate jugatum
Vifceribus totis, animoque amplexa fovebat.
Qualiter æquævo fociata palmite vitem

Ulmus

Ulmus amat, miſcetque nemus, ditemque precatur
50 Autumnum, & caris gaudet redimita racemis.
Laudentur proavis, ſeu pulchræ munere formæ,
Quæ morum caruere bonis, falſaque potentes
Laudis egent veræ. tibi, quanquam & origo niteret
Et felix ſpecies, multumque optanda maritis,
55 Ex te major honos, unum noviſſe cubile,
Unum ſecretis agitare ſub oſſibus ignem.
Illum nec Phrygius vitiaſſet raptor amorem,
Dulichiive proci; nec qui fraternus adulter
Caſta Mycenæo connubia polluit auro.
60 Si Babylonis opes, Lydæ ſi pondera gazæ,
Indorumque dares Serumque Arabumque potentes
Divitias, mallet cum paupertate pudica
Intemerata mori, vitamque impendere famæ.
Nec frons triſte rigens, nimiuſque in moribus horror:
65 Sed ſimplex, hilariſque fides, & mixta pudori
Gratia. quod ſi anceps metus ad majora vocaſſet,
Illa vel armiferas pro conjuge læta catervas,
Fulmineoſque ignes, mediique pericula ponti,
Exciperet. melius, quod non adverſa probarunt
70 Quæ tibi cura tori, quantus pro conjuge pallor.
Sed meliore via dextros tua vota marito
Promeruere Deos; dum nocte dieque fatigas
Numina, dum cunctis ſupplex advolveris aris,
Et mitem Genium Domini præſentis adoras.
75 Audita es: venitque gradu Fortuna benigno,

Vidit

Vidit quippe pii juvenis raramque quietem,
Intactamque fidem, fuccinctaque pectora curis,
Et vigiles fenfus, & digna evolvere tantas
Sobria corda vices ; vidit, qui cuncta fuorum
80 Novit, & infpectis ambit latus omne miniftris.
Nec mirum : videt ille ortus, obitufque ; quid Aufter
Quid Boreas hibernus agat ; ferrique togæque
Confilia ; atque ipfam mentem probat. ille fubactis
Molem immenfam humeris, & vix tractabile pondus
85 Impofuit, (nec enim numerofior altera facra
Cura domo) magnum late dimittere in orbem
Romulei mandata Ducis ; virefque modofque
Imperii tractare manu : quæ laurus ab Arcto,
Quid vagus Euphrates, quid ripa binominis Iftri,
90 Quid Rheni vexilla ferant : quantum ultimus orbis
Cefferit, & refluo circumfona gurgite Thule.
Omnia nam lætas pila attollentia frondes,
Nullaque famofa fignatur lancea pinna.
Præterea, fidos Dominus fi dividat enfes,
95 Pandere quis centum valeat frenare maniplos
Intermiffus eques : quis præcepiffe cohorti :
Quem deceat clari præftantior ordo tribuni :
Quifnam frenigeræ fignum dare dignior alæ.
Mille etiam prænoffe vices : an merferit agros
100 Nilus, an imbrifero Libye fudaverit Auftro :
Cunctaque fi numerem, non plura interprete virga
Nuntiat e celfis ales Tegeaticus aftris;

Quæ-

Quæque cadit liquidas Junonia virgo per auras,
Et picturato pluvium ligat aëra gyro;
105 Quæque tuas laurus volucri, Germanice, curru
Fama vehit, prægressa diem, tardumque sub astris
Arcada, & in medio linquens Thaumantida cælo.
Qualem te Superi, Priscilla, hominesque benigno
Aspexere die cum primum ingentibus actis
110 Admotus conjux! vicisti gaudia certe
Ipsius, adfuso dum pectore prona sacratos
Ante pedes avide Domini tam magna merentis.
Volveris. Aonio non sic in vertice gaudet
Quem pater arcani præfecit hiatibus antri
115 Delius, aut primi cui jus venerabile thyrsi
Baechus, & attonitæ tribuit vexilla catervæ.
Nec tamen hic mutata quies, probitasve secundis
Intumuit: tenor idem animo, moresque modesti,
Fortuna crescente, manent. fovet anxia curas
120 Conjugis, hortaturque simul, flectitque labores.
Ipsa dapes modicas, & sobria pocula tradit,
Exemplumque ad herile monet. velut Appula conjux
Agricolæ parci, vel sole infecta Sabina,
Quæ videt emeriti, jam prospectantibus astris,
125 Tempus adesse viri, propere mensasque torosque
Instruit, expectatque sonum redeuntis aratri.
Parva loquor: tecum gelidas comes illa per Arctos
Sarmaticasque hiemes, Istrumque, & pallida Rheni
Frigora, tecum omnes animo durare per æstus,

130 Et, fi caftra darent, vellet geftare pharetras,
     Vellet Amazonia latus intercludere pelta ;
     Dum te pulverea bellorum in nube videret
     Cæfarei prope fulmen equi, divinaque tela
     Vibrantem, & magnæ fparfum fudoribus haftæ.

135 Hactenus alma chëlys : tempus nunc ponere frondes,
     Phœbe, tuas, mœftaque comam damnare cupreffo.
     Quifnam impacata confanguinitate ligavit
     Fortunam Invidiamque Deus ? quis juffit iniquas
     Æternum bellare deas ? nullamne notavit

140 Illa domum, torvo quam non hæc lumine figat
     Protenus, & fæva perturbet gaudia dextra ?
     Florebant hilares inconcuffique penates ;
     Nil mœftum : quid enim, quamvis infida levifque,
     Cæfare tam dextro, poffet Fortuna timeri ?

145 Invenere viam liventia Fata, piumque
     Intravit vis fæva larem. fic plena maligno
     Afflantur vineta Noto : fic alta fenefcit
     Imbre feges nimio : rapidæ fic obvia puppi
     Invidet, & velis adfibilat aura fecundis.

150 Carpitur eximium fato Prifcilla decorem :
     Qualiter alta comam filvarum gloria pinus
     Seu Jovis igne malo, feu jam radice foluta,
     Deficit, & nulli fpoliata remurmurat auræ.
     Quid probitas, aut cafta fides, quid numina profunt

155 Culta Deûm ? furvæ miferam circum undique leti
     Vallavere plagæ, tenuantur dura fororum.

                                              Licia

Licia, & exacti fupereft pars ultima fili.
Nil famuli cœtus, nil ars operofa medentum
Auxiliata malis. comites tamen undique ficto
160 Spem fimulant vultu : flentem notat illa maritum.
Ille modo infernæ nequicquam flumina Lethes
Incorrupta rogat : nunc anxius omnibus aris
Illachrymat, fignatque fores, & pectore terget
Limina : nunc magni vocat exorabile numen
165 Cæfaris. Heu durus Fati tenor ! eftne quod illi
Non liceat ? quantæ poterant mortalibus annis
Acceffiffe moræ, fi tu, pater, omne teneres
Arbitrium ? cæco gemeret Mors clufa barathro.
Longius & vacuæ pofuiffent ftamina Parcæ.
170 Jamque cadunt vultus, oculifque noviffimus error,
Obtufæque aures, nifi cum vox fola mariti
Nofcitur. illum unum media de morte reverfa
Mens videt ; illum ægris circundat fortiter ulnis
Immotas obverfa genas ; nec fole fupremo
175 Lumina, fed dulci mavult fatiare marito.
Tunc fic unanimum moriens folatur amantem :
PARS animæ victura meæ, cui linquere poffem
O utinam quos dura mihi rapit Atropos annos,
Parce precor lacrimis, fævo nec concute planctu
180 Pectora, nec crucia fugientem conjugis umbram.
Linquo equidem thalamos (falvo tamen ordine) mœfti
Quod prior. exegi longa potiora feneçta
Tempora ; vidi omni te pridem in flore nitentem,

T 2

Vidi

Vidi altæ propius propiufque accedere dextræ:
185 Non in te Fatis, non jam Cæleftibus ullis
     Arbitrium: mecum ifta fero. tu limite cœpto
     Tende libens, facrumque latus, Geniumque potentem
     Irrequietus ama. nunc, quod cupis ipfe juberi,
     Da Capitolinis æternum fedibus aurum,
190 Quo niteant facri centeno pondere vultus
     Cæfaris; & propriæ figna cultricis amorem,
     Sic ego nec Furias, nec deteriora videbo
     Tartara, & Elyfias felix admittar ad oras.
     Hæc dicit labens, fociofque amplectitur artus,
195 Hærentemque animam non triftis in ora mariti
     Tranftulit, & cara preffit fua lumina dextra.
     At juvenis magno flammatus pectora luctu,
     Nunc implet fævo viduos clamore penates:
     Nunc ferrum laxare cupit: nunc ardua tendit
200 In loca: vix retinent comites. nunc ore ligato
     Incubat amiffæ, merfumque in corde dolorem
     Sævus agit. qualis confpecta conjuge fegnis
     Odryfius vates pofitis ad Strymona plectris
     Obftupuit, triftemque rogum fine carmine flevit.
205 Ille etiam certæ rupiffet tempora vitæ,
     Ne tu Tartareum Chaos incomitata fubires:
     Sed prohibet mens fida Duci, jurataque facris
     Imperiis, & major amor. Quis carmine digno
     Exequias & dona malæ feralia pompæ
210 Perlegat? omne illic ftipatum examine longo

Ver Arabum Cilicumque fluit, florefque Sabæi,
Indorumque arfura feges, præreptaque templis
Thura Palæftini fimul Hebræique liquores,
Coryciæque comæ, Cynareiaque germina.   At altis·
215 Ipfa toris Serûm Tyrioque umbrata recumbit
Tegmine : fed toto fpectatur in agmine conjux
Solus ; in hunc magnæ flectuntur lumina Romæ,
Ceu juvenes natos fuprema ad bufta ferentem :
Is dolor in vultu ; tantum crinefque genæque
220 Noctis habent. illam tranquillo fine folutam,
Felicemque vocant ; lacrimas fudere marito.
Eft locus ante urbem, qua primum nafcitur ingens
Appia ; quaque Italo gemitus Almone Cybele
Ponit, & Idæos jam non reminifcitur amnes.
225 Hic te Sidonio velatam molliter oftro
Eximius conjux (nec enim fumantia bufta
Clamoremque rogi potuit perferre) beato
Compofuit, Prifcilla, toro. nil longior ætas
Carpere, nil ævi poterunt vitiare labores
230 Siccatam membris ; tantas venerabile marmor
Sepit opes. mox in varias mutata novaris
Effigies : hoc ære Ceres, hoc lucida Gnoffis,
Illo Maia tholo, Venus hoc non improba faxo,
Accipiunt vultus, haud indignata, decoros
235 Numina : circumftant famuli, confuetaque turba
Obfequiis. tum rite tori, menfæque parantur
Affiduæ. domus ifta, domus ; quis trifte fepulchrum
                                        Dixerit ?

Expectatur equus, cujus de stemmate longo
Felix emeritos habet admissura parentes;

25 Illum omnes acuunt plausus, illum ipse volantem
Pulvis & incurvæ gaudent agnoscere metæ:
Sic te, clare puer, genitum sibi Curia sensit,
Primaque patritia clausit vestigia luna.
Mox Tyrios ex more sinus, tunicamque potentem

30 Agnovere humeri. Sed enim tibi magna parabat
Ad titulos exempla pater. quippe ille juventam
Protenus ingrediens, pharetratum invasit Araxem
Belliger, indocilemque fero servire Neroni
Armeniam. rigidi summam Mavortis agebat

35 Corbulo; sed comitem belli sociumque laborum
Ille quoque egregiis multum miratus in armis
Bolanum; atque illi curarum asperrima suetus
Credere, partirique metus: quod tempus amicum
Fraudibus, exerto quænam bona tempora bello;

40 Quæ suspecta fides, aut quæ fuga vera ferocis
Armenii. Bolanus iter prænosse timendum,
Bolanus tutis juga quærere commoda castris,
Metari Bolanus agros, aperire malignas
Tot veprum nemorumque moras, tantamque verendi

45 Mentem implere ducis, jussisque ingentibus unus
Sufficere. ipsa virum norat jam barbara tellus:
Ille secundus apex bellorum, & proxima cassis.
Sic Phryges attoniti, quanquam Nemeæa viderent
Arma, Cleonæusque acies impelleret arcus

Pugnante

50 Pugnante Alcide, tamen & Telamona timebant.
   Difce puer: nec enim externo monitore petendus
   Virtutis tibi pulcher amor: cognata miniftret
   Laus animos. aliis Decii reducefque Camilli
   Monftrentur; tu difce patrem; quantufque nigrántem

55 Fluctibus occidúis feffoque Hyperione Thulen
   Intrarit mandata gerens; quantufque potentis
   Mille urbes Afiæ fortito rexerit anno,
   Imperium mulcente toga. bibe talia pronis
   Auribus: hæc certent tibi conciliare propinqui:

60 Hæc iterent comites præcepta, fenefque paterni.
   Jamque adeo moliris iter, nec defide paffu
   Ire paras: nondum validæ tibi figna juventæ
   Irrepfere genis, & adhuc decor integer ævi.
   Nec genitor juxta; fatis namque hauftus iniquis

65 Occidit heu! geminam prolem fine præfide linquens.
   Nec faltem teneris oftrum puerile lacertis
   Exuit, albentique humeros induxit amictu.
   Quem non corrumpit pubes effrena, novæque
   Libertas properata togæ? ceu nefcia falcis

70 Silva comas tollit, fructumque expirat in umbras.
   At tibi Pleriæ tenero fub pectore curæ,
   Et pudor, & docti legem fibi dicere mores;
   Tunc hilaris probitas, & frons tranquilla, nitorque
   Luxuriæ confine timens, pietafque per omnes

75 Difpenfata modos; æquævo cedere fratri,
   Mirarique patrem, miferæque ignofcere matri.

Admonuit fortuna domus: tibine illa nefanda
Pocula, letalesque manu componere fuccos
Evaluit, qui voce potes praevertere morfus
80 Serpentum, atque omnes vultu placare novercas? ...
·Infestare libet Manes, meritoque precatu
Pacem auferre rogis: fed te, puer optime, cerno
Flectentem juftis, & talia dicta parantem:
PARCE, precor, cineri: fatum illud, & ira nocentum
85 Parcarum, crimenque Dei mortalia quifquis
Pectora fero videt, nec primo in limine fiftit
Conatus fcelerum, atque animos infanda parantes.
Excidat illa dies aevo, nec poftera credant
Saecula! nos certe taceamus; & obruta multa
90 Nocte tegi propriae patiamur crimina gentis.
Exegit poenas, hominum cui cura fuorum,
Quo Pietas autore redit, terrafque revifit,
Quem timet omne nefas. fatis haec, lacrimandaque nobis
Ultio. quin faevas utinam exorare liceret
95 Eumenidas, timidaeque avertere Cerberon umbrae,
Immemoremque tuis citius dare Manibus amnem.
Macte animo, juvenis! fic crefcunt crimina matris.
Nec tantum pietas, fed protenus ardua virtus
Affectata tibi. nuper cum forte fodalis
100 Immeritae falfo palleret crimine famae,
Erigeretque forum, fuccinctaeque judice multo
Surgeret & caftum vibraret Julia fulmen;
Tu, quamquam non ante forum legefque feveras

Paffus

Paffus, fed tacita ftudiorum occultus in umbra,

105 Defenfare metus, adverfaque tela fubifti

Pellere, inermis adhuc & tiro, paventis amici.

Haud unquam tales afpexit Romulus annos

Dardaniufve fenex, medii bellare togata

Strage fori. ftupuere Patres tentamina tanta

110 Conatufque tuos ; pro te reus ipfe timebat.

Par vigor eft membris; promtæque ad fortia vires

Sufficiunt animo, atque ingentia juffa fequuntur.

Ipfe ego te nuper Tiberino ut littore vidi,

Qua Tyrrhena vadis Laurentibus æftuat unda,

115 Pendentem in curfus, vexantemque ilia nudo

Calce ferocis equi, vultu dextraque minacem ;

Si qua fides dictis, ftupui, Martemque putavi.

Getulo fic pulcher equo, Trojanaque quaffans

Tela, novercales ibat venator in agros

120 Afcanius, miferamque patri flagrabat Elifam.

Troïlus haud aliter gyro breviore minantes

Eludebat equos : aut quem de turribus altis

Arcadas Ogygio verfantem in pulvere turmas

Spectabant Tyriæ non torvo lumine matres.

125 Ergo age, nam magni Ducis indulgentia pulfat,

Certaque dat votis hilaris veftigia frater,

Surge, animo & fortes caftrorum concipe curas.

Monftrabunt acies Mavors Actæaque virgo ;

Flectere Caftor equos, humeris quatere arma Quirinus,

130 Qui tibi tam tenero permifit plaudere collo

U 2   Nubigenæ

Nubigenas clypeos, intactaque cædibus arma.
Quaſnam igitur terras, quem Cæſaris ibis in orbem?
Arctoofne amnes, & Rheni fracta natabis
Flumina? an æſtiferis Libyæ ſudabis in arvis?

135 An juga Pannoniæ, mutatoreſque domorum
Sauromatas quaties? an te ſeptenus habebit
Iſter, & undoſo circumflua conjuge Peuce?
An Solymum cinerem, palmetaque capta ſubibis
Non ſibi felices ſilvas ponentis Idumes?

140 Quod ſi te magno tellus frenata parenti
Accipiat, quantum ſerus exultabit Araxes!
Quanta Caledonios attollet gloria campos!
Cum tibi longævus referet trucis incola terræ,
Hic ſuetus dare jura parens; hoc ceſpite turmas

145 Affari: vigiles ſpeculas, caſtellaque longe
Proſpicis? ille dedit; cinxitque hæc moenia foſſa:
Belligeris hæc dona Deis, hæc tela dicavit;
Cernis adhuc titulos: hunc ipſe, vocantibus armis,
Induit, hunc regi rapuit thoraca Britanno.

150 Qualiter in Teucros victricia bella paranti
Ignotum Pyrrho Phoenix narrabat Achillem.
Felix, qui viridi fidens coeptaque juventa
Durabis quaſcunque vices; vallumque ſubibis
Forſan & enſe latus (ſi numina principis adſint)

155 Cinctus, & unanimi comes indefeſſus amici;
Quo Pylades ex more pius, quo Dardana geſſit
Bella Menoetiades. quippe hæc concordia vobis,

Hic

Hic amor eft; duretque precor! nos fortior ætas
Jam fugit ; hinc votis tantum precibufque juvabo.
160 Hei mihi, fed cœtus folitos fi forte ciebo,
Et mea Romulei venient ad carmina patres,
Tu deeris, Crifpine, mihi ; cuneofque per omnes
Te meus abfentem circumfpeétabit Achilles.
Sed venies melior ; (vatum non irrita currunt
165 Omnia) quique aquilas tibi nunc, & caftra recludit,
Idem omnes perferre gradus, cingique fuperbis
Fafcibus, & patrias dabit infediffe curules.
Sed quis ab excelfis Trojanæ collibus Albæ,
(Unde fuæ juxta profpeétat mœnia Romæ
170 Proximus ille Deus) Fama velocior intrat
Nuntius, atque tuos implet, Crifpine, penates ?
Dicebam certe, Vatum non irrita currunt
Auguria. en! ingens referat tibi limen honorum
Cæfar, & Aufonii committit munia ferri.
175 Vade, puer, tantifque enixus fuffice donis.
Felix, qui magno jam nunc fub præfide juras,
Cuique facer primum tradit Germanicus enfem !
Non minus hoc fortis, quam fi tibi panderet ipfe
Bellipotens aquilas, torvaque induceret ora
180 Caffide. vade alacer, majoraque difce mereri.

III. EPICE.

III.

EPICEDION IN PATREM SUUM.

IPSE malas vires, & lamentabile carmen
  Elysio de fonte mihi, pulsumque siniſtræ
Da, genitor perdoſte, lyræ: neque enim antra movere
Delia, nec solitam fas est impellere Cyrrham
5 Te sine. Corycia quicquid modo Phœbus in umbra
  Quicquid ab Ismariis monſtrabat collibus Evan,
Dedidici. fugere meos Parnaſia crines
Vellera, funeſtamque hederis irrepere taxum
Extimui, trepidamque (nefas) areſcere laurum,
10 Ille ego, magnanimûm qui faſta attollere regum
  Ibam altum spirans, Martemque æquare canendo.
Quis ſterili mea corda ſitu, quis Apolline verſo
Frigida damnatæ præduxit nubila menti ?
Stant circum attonitæ vatem, & nil dulce sonantes
15 Nec digitis nec voce deæ. dux ipsa, silenti
  Fulta caput cithara ; qualis poſt Orphea raptum
Aſtitit, Hebre, tibi, cernens jam surda ferarum
Agmina, & immotos sublato carmine lucos.
At tu, seu membris emiſsus in ardua tendis,
20 Fulgentesque plagas, rerumque elementa recenſes,
  Quis Deus, unde ignes, quæ ducat semita Solem,
Quæ minuat Phœben, quæque integrare latentem

Cauſa

Caufa queat, doctique modos extendis Arati :
Seu tu Lethæi fecreto in gramine campi
25 Concilia Heröum juxta Manefque beatos,
Mæonium Afcræumque fenem, non fegnior umbra
Accolis alternumque fonas, & carmina mifces ;
Da vocem magno, Pater, ingeniumque dolori.
Nam me ter relegens cælum, terque ora retexens
30 Luna videt refidem, nullaque Heliconide triftes
Solantem curas, tuus ut mihi vultibus ignis
Irrubuit, cineremque oculis humentibus haufi.
Vilis honos ftudiis : vix hæc in munera folvo
Primum animum ; tacitifque fitum depellere curis
35 Nunc etiam labente manu, nec lumine ficco
Ordior, acclinis tumulo quo molle quiefcis
Jugera noftra tenens ; ubi poft Æneïa fata
Solatus, Latiis ingeffit montibus Albam
Afcanius, Phrygio dum pingues fanguine campos
40 Odit, & infauftæ regnum dotale novercæ.
His ego te (nam Sicanii non mitius halat
Aura croci, dites nec ficubi rara Sabæi
Cinnama, odoratas nec Arabs decerpfit ariftas)
Infertum cum laude locis, te carmine plango
45 Pierio. fume hos gemitus, & munera nati,
Et lacrimas, cari quas nunquam habuere parentes.
Atque utinam fortuna mihi dare Manibus aras
Par templis opus, aëriamque educere molem
Cyclopum fcopulos ultra, atque audacia faxa
                                        Pyramidum

yramidum, & magno tumulum prætexere luco !
Illic & Siculi superaffem dona sepulchri,
Et Nemees ludum, & Pelopis solennia trunci.
Illic Oebalio non finderet aëra disco
Graiorum vis ulla virûm : non arva rigaret
55 Sudor equûm, aut putri sonitum daret ungula campo ;
Sed Phœbi simplex chorus. hic frondentia vatum
Præmia laudato, genitor, tibi rite dicarem.
Ipse madens oculis, umbrarum animæque sacerdos
Præciperem reditum, cui te nec Cerberus omni
60 Ore, nec Orpheæ quirent avertere leges :
Meque habitus moresque tuos & facta canentem
Fors & magniloquo non posthabuisset Homero,
Tenderet & torvo pietas æquare Maroni.
Cur magis incessat Superos, & sæva Sororum
65 Stamina, quæ tepido genitrix super aggere nati
Orba sedet ? vel quæ primævi conjugis ignem
Aspicit, obstantesque manus, turbamque tenentem
Vincit, in ardentem (liceat) moritura maritum ?
Major certe illis Superos & Tartara pulsem
70 Invidia : externis etiam miserabile visu
Funus eat. Sed nec modo se Natura dolenti,
Nec Pietas injusta dedit. mihi limine primo
Fatorum, & viridi, genitor, ceu raptus ab ævo,
Tartara dura subis. nec enim Marathonia virgo
75 Parcius extinctum sævorum crimine agrestum
Fleverit Icarium, Phrygia quàm turre cadentem

Astyanacta

Aftyanaĉta parens. laqueo quin illa fupremos
Inclufit gemitus; at te, poft funera magni
Heĉtoris, Hæmonio pudor eft ferviffe marito.

80 Non ego quas fati certus fibi voce canora
Inferias premittit olor; nec rupe quod atra
Tyrrhenæ volucres nautis prædulce minantur
In patrios adhibeo rogos; non murmure trunco
Quod gemit, & duræ queritur Philomela forori;

85 Nota nimis vati. quis non in funera cunĉtos
Heliadum ramos, lacrimofaque germina duxit,
Et Phrygium filicem, atque aufum contraria Phœbo
Carmina, nec fiffa gavifam Pallada buxo?
Te Pietas oblita virûm, revocataque cælo

90 Juftitia, & gemina planget facundia lingua,
Et Pallas, doĉtique cohors Heliconia Phœbi;
Quîs honor Aonios feno pede ducere cantus,
Et quibus Arcadia carmen teftudine menfis
Cura lyre, nomenque fuit: quofque orbe fub omni

95 Ardua feptena numerat Sapientia fama:
Qui furias, regumque domos, averfaque cælo
Sidera terrifico fuper intonuere cothurno:
Et quîs lafciva vires tenuare Thalia
Dulce, vel heroos greffu truncare tenores.

100 Omnia namque animo complexus, & omnibus auĉtor
Qua fandi via lata patet: five orfa libebat
Aoniis vincire modis, feu voce foluta
Spargere, & effreno nimbos æquare profatu.

Exere femirutos fubito de pulvere vultus,
105 Parthenope, crinemque afflato monte fepulti
      Pone fuper tumulos, & magni funus alumni,
      Quo non Munychiæ quidquam præftantius arces,
      Doctave Cyrene, Sparteve animofa creavit.
      Si tu ftirpe vetus, famæque obfcura jaceres,
110 Nil gentile tumens, illo te cive probares
      Graiam, atque Euboïco majorum fanguine duci.
      Ille tuis toties præftrinxit tempora fertis,
      Cum ftata laudato caneret Quinquennia verfu,
      Ora fupergreffus Pylii fenis, oraque regis
115 Dulichii, fpecieque comam fubnexus utraque.
      Non tibi deformes obfcuri fanguinis ortus,
      Nec fine luce genus ; (quanquam fortuna parentum
      Arctior expenfis) etenim te divite ritu
      Ponere purpureos infantia adegit amictus
120 Stirpis honore datos, & nobile pectoris aurum.
      Protænus exorto dextrùm rifere forores
      Aonides, pueroque chelyn fummifit, & ora
      Imbuit amne facro, jam tum tibi blandus, Apollo.
      Nec fimplex patriæ decus; & natalis origo
125 Pendet ab ambiguo geminæ certamine terræ.
      Te de gente fuum Latiis afcita colonis
      Graia refert Selle; (Phrygius quà puppe magifter
      Excidit, & mediis mifer evigilavit in undis ;)
      Parthenopeque fuum longo probat ordine vitæ.

* * * * * * * * *

                                       Mæoniden,

130 Mæoniden, aliæque aliis natalibus urbes
Diripiunt, cunctæque probant: non omnibus ille
Verus; alit victos immanis gloria falfi.
Atque ibi dum profers annos, vitamque falutas,
Protenus ad patrii raperis certamina luftri

135 Vix implenda viris, laudum feftinus, & audax
Ingenii: ftupuit primæva ad carmina plebes
Euboea, & natis te monftravere parentes.
Inde frequens palmæ, nulloque ingloria facro
Vox tua. non toties victorem Caftora gyro,

140 Nec fratrem cæftu virides plaufere Therapnæ.
Sit pronum viciffe domi; quid Achæa mereri
Præmia, nunc ramis Phoebi, nunc germine Lernæ,
Nunc Athamantea protectum tempora pinu?
Cum toties laffata, tamen nufquam avia frondes

145 Abftulit, aut alium tetigit Victoria crinem.
Hinc tibi vota patrum credi, generofaque pubes
Te monitore regi, morefque & facta priorum
Difcere: quis cafus Trojæ; quam tardus Ulixes;
Quantus equos pugnafque virûm decurrere verfu

150 Mæonides; quantumque pios ditarit agreftes
Afcræus, Siculufque fenex: qua lege recurrat
Pindaricæ vox flexa lyræ, volucrumque precator
Ibycus, & tetricis Alcman cantatus Amyclis,
Stefichorufque ferox, actufque egreffa viriles

155 Non formidata temeraria Leucade Sappho;
Quofque alios dignata chelys. tu pandere docti

X 2   Carmina

Carmina Battiadæ, latebrasque Lycophronis atri,
Sophronaque implicitum, tenuisque arcana Corinnæ ;
Sed quid parva loquor ? tu par affuetus Homero
160 Ferre jugum, senosque pedes æquare solutis
Vocibus, & nunquam paffu breviore relinqui.
Quid mirum patria fi te petiere relicta
Quos Lucanus ager, rigidi quos jugera Dauni,
Quos Veneri plorata domus, neglectaque tellus
165 Alcidæ, vel quos e vertice Surrentino
Mittit Tyrrheni speculatrix virgo profundi ?
Quos propiore finu lituo remoque notatus
Collis, & Aufonii pridem laris hofpita Cyme :
Quofque Dicarchei portus, Baianaque mittunt
170 Littora, qua mediis alte permiftus anhelat
Ignis aquis, & operta animos incendia fervant.
Sic ad Avernales fcopulos, & opaca Sibyllæ
Antra, rogaturæ veniebant undique gentes :
Illa minas Divûm, Parcarumque acta canebat,
175 Quamvis decepto vates non irrita Phœbo.
Mox & Romuleam ftirpem, procerefque futuros
Inftruis, inque patrum veftigia ducere perftas.
Sub te Dardanius facis explorator opertæ
Qui Diomedei celat penetralia furti,
180 Crevit, & inde facrum didicit puer. arma probare
Monftrafti Saliis, præfagumque æthera certis
Auguriis; cui Chalcidicum fas volvere carmen,
Lanea cui Phrygii eft coma flaminis, & tua multum ,

                                                    Verbera

Verbera fuccincti formidavere Luperci.

185 Et nunc ex illo forfan grege, gentibus alter
Jura dat Eois, alter compefcit Iberos,
Alter Achæmenium fecludit Zeugmate Perfen:
Hi dites Afiæ populos, hi Pontica frenant,
Hi fora pacificis emendant fafcibus, illi

190 Caftra piâ ftatione tenent; tu laudis origo.
Non tibi certaffet juvenilia fingere corda
Neftor, & indomiti Phœnix moderator alumni;
Quique tubas acres, lituofque audire volentem
Æaciden, alio frangebat carmine Chiron.

195 Talia dum celebras, fubitam civilis Erinnys
Tarpeio de monte facem, Phlegræaque movit
Prælia. facrilegis lucent Capitolia tædis,
Et Senonum furias Latiæ fumfere cohortes.
Vix requies flammæ, nec dum rogus ille Deorum

200 Siderat, excifis cum tu folatia templis
Impiger, & multum facibus velocior ipfis,
Concipis ore pio, captivaque fulmina defles.
Mirantur Latii proceres, ultorque Deorum
Cæfar, & e medio Divûm pater annuit igni.

205 Jamque & fiere pio Vefuvina incendia cantu
Mens erat, & gemitum patriis impendere damnis;
Cum pater exemptum terris ad fidera montem
Suftulit, & late miferas dejecit in urbes.
Me quoque vocales lucos luftrataque Tempe

210 Pulfantem, cum ftirpe tua defcendere dixi,

Admifere

Admifere Deæ: nec enim mihi fidera tanti
Æquoraque & terras, quam vos debere parenti.
Tu decus hoc quodcunque lyræ, primufque dedifti
Non vulgare loqui, & famam fperare fepulchro.

215 Qualis eras, Latios quoties ego carmine patres
Mulcerem, felixque tui fpectator adeffes
Muneris! heu quali confufus gaudia fletu,
Vota piofque metus inter, lætumque pudorem!
Quam tuus ille dies! quam non mihi gloria major!

220 Talis Olympiaca juvenem cum fpectat arena
Qui genuit, plus ipfe ferit, plus corde fub alto
Cæditur: attendunt cunei; fpectatur athletes
Ille magis, crebro dum lumina pulveris hauftu
Obruit, & prenfa vovet expirare corona.

225 Hei mihi quod tantum patrias ego vertice frondes
Solaque Chalcidicæ Cerealia dona coronæ
Te fub tefte tuli! qualem te Dardanus Albæ
Vix cepiffet ager, fi per me ferta tuliffes
Cæfarea donata manu! quod fubdere robur

230 Illa dies, quantum potuit dempfiffe fenectæ!
Heu quod me mixta quercus non preffit oliva,
Et fugit fperatus honos, cum Luftra Parentis
Invida Tarpeii canerem! Te noftra magiftro
Thebaïs urgebat prifcorum exordia vatum:

235 Tu cantus ftimulare meos, tu pandere facta
Heroum; bellique modos, pofitufque locorum
Monftrabas. labat incerto mihi limite curfus

Te

Te fine, & orbatæ caligant vela carinæ.
Nec folum larga memet pietate fovebas :
240 Talis & in thalamos. una tibi cognita tæda
Connubia, unus amor. certe fejungere matrem
Jam gelidis nequeo buftis ; te fentit, habetque,
Te videt, & tumulos ortuque obituque falutat,
Ut Pharios aliæ ficta pietate dolores
245 Mygdoniofque colunt, & non fua funera plorant.
Quid referam expofitos fervato pondere mores ?
Quæ pietas ? quam vile lucrum ? quæ cura pudoris ?
Quantus amor recti ? rurfufque, ubi dulce remitti,
Gratia quæ dictis ? animo quam nulla fenectus ?
250 His tibi pro meritis, famam laudefque benignas
Index cura Deûm, nulloque e vulnere triftes
Conceffit. raperis, genitor, non indigus ævi,
Non nimius ; trinifque decem quinquennia luftris
Juncta ferens. fed me pietas numerare, dolorque
255 Non finit. ô Pylias ævi tranfcendere metas,
Et Teucros æquare fenes, ô digne videre
Me fimilem ! Sed nec leti tibi janua triftis :
Quippe leves caufæ ; nec fegnis tabe fenili
Exitus inftanti præmifit membra fepulchro ;
260 Sed te torpor iners, & mors imitata quietem
Explicuit, falfoque tulit fub Tartara fomno.
Quos ego tunc gemitus ? comitum manus anxia vidit,
Vidit & exemplum genitrix, gavifaque vovit
Quæ lamenta tuli. veniam concedite, Manes,

265 Fas

265 Fas dixiſſe, Pater; non tu mihi plura dediſſes.
    Felix ille patrem vacuis circumdedit ulnis,
    Vellet &, Elyſia quamvis in ſede locatum
    Abripere, & Danaas iterum portare per umbras:
    Tentantem & vivos molitum in Tartara greſſus
270 Detulit infernæ vatæs longæva Dianæ.
    Si chelyn Odryſiam pigro tranſmiſit Averno
    Cauſa minor; ſi Theſſalicas Admeton in oras,
    Si conjunx retro Phylaceida rettulit umbram,
    Cur nihil exoret, genitor, chelys aut tua Manes,
275 Aut mea? fas mihi ſit patrios contingere vultus,
    Fas junxiſſe manus, & lex quæcunque ſequatur.
    At vos umbrarum reges, Ennæaque Juno
    (Si laudanda precor) tædas auferte, comaſque
    Eumenidum: nullo ſonet aſper janitor ore:
280 Centauroſque, Hydræque greges, Scyllæaque monſtra
    Averſæ celent valles; umbramque ſenilem
    Invitet ripis, diſcuſſa plebe, ſupremis
    Vector, & in media componat molliter alga.
    Ite, pii Manes, Graiûmque examina vatum,
285 Illuſtremque animam Lethæis ſpargite ſertis,
    Et monſtrate nemus, quo nulla irrupit Erinnys,
    In quo falſa dies, cæloque ſimillimus aër.
    Inde tamen venias melior, quà porta malignum
    Cornea vincit ebur, ſomnique in imagine monſtra
290 Quæ ſolitus. Sic ſacra Numæ, rituſque colendos
    Mitis Aricino dictabat Nympha ſub antro:

Scipio

Scipio fic plenos Latio Jove ducere fomnos
Creditur Aufoniis, & non fine Apolline Sylla.

IV.

AD SOMNUM.

CRIMINE quo merui juvenis, placidiffime divum,
  Quove errore mifer, donis ut folus egerem
Somne, tuis? tacet omne pecus, volucrefque, feræque,
Et fimulant feffos curvata cacumina fomnos :
5 Nec trucibus fluviis idem fonus; occidit horror
  Æquoris, & terris maria adclinata quiefcunt.
Septima jam rediens Phœbe mihi refpicit ægras
Stare genas; totidem Oetææ, Paphiæque revifunt
Lampades, & toties noftros Tithonia queftus
10 Præterit, & gelidô tangit miferata flagello.
  Unde ego fufficiam? non fi mihi lumina mille,
  Quæ facer alterna tantum ftatione tenebat
  Argus, & haud unquam vigilabat corpore toto.
  Et nunc fors aliquis longa fub nocte, puellæ
15 Brachia nexa tenens, ultro te, Somne, repellit.
  Inde veni; nec te totas infundere pennas
  Luminibus compello meis; (hoc turba precetur
  Lætior) extremo me tange cacumine virgæ,
  (Sufficit) aut leviter fufpenfo poplite tranfi.

VOL. I.   Y   V. EPI-

V.

EPICEDION IN PUERUM SUUM.

ME miserum (neque enim verbis solennibus ulla
    Incipiam nunc, Castaliæ vocalibus undis
Invisus, Phœboque gravis) quæ vestra, sorores,
Orgia, Pieriæ, quas incestavimus aras?
5 Dicite: post pœnam liceat commissa fateri.
  Numquid inaccesso posui vestigia luco?
  Num vetito de fonte bibi? quæ culpa? quis error.
  Quem luimus tantis mœroribus? ecce lacertis
  Viscera nostra tenens animamque, avellitur infans;
10 Non de stirpe quidem, nec qui mea nomina ferret
  Oraque; non fueram genitor: sed cernite fletus,
  Liventesque genas, & credite planctibus, orbi,
  Orbus ego. Huc patres, & aperto pectore matres
  Conveniant, cineresque oculis, & munera ferte.
15 Siqua sub uberibus plenis ad funera natos
  Ipsa gradu labente tulit, madidumque cecidit
  Pectus, & ardentes restinxit lacte favillas;
  Quisquis adhuc teneræ signatum flore juventæ
  Immersit cineri juvenem, primaque jacentis
20 Serpere crudeles vidit lanugine flammas,
  Adsit, & alterno mecum clamore fatiscat:

                                Vincetur

Vincetur lacrimis, & te, Natura, pudebit.
Tanta mihi feritas, tanta est infania luctus.
Hoc quoque cum in *** ter dena luce peracta

25 Acclinis tumulo, luctus in carmina verto,
Discordesque modos, & singultantia verba
Molior. orsa *** est: atque ira tacendi
Impatiens. sed nec solitæ mihi vertice laurus,
Nec fronti vittatus honos. en taxea marcet

30 Silva comis, hilaresque hederas plorata cupressus
Excludit ramis. ignavo pollice chordas
Pulso: sed incertum digitis errantibus amens
Scindo chelyn. juvat heu, juvat illaudabile carmen
Fundere, & incompte miserum laudare dolorem.

35 Sic merui; sic me cantuque habituque nefastum
Aspiciant Superi. pudeat Thebasque novumque
Æaciden: nil jam placitum manabit ab ore.
Ille ego, qui toties blandus matrumque patrumque
Vulnera, qui vivos potui mulcere dolores;

40 Ille ego lugentum mitis solator, acerbis
Auditus tumulis, & descendentibus umbris,
Deficio, medicasque manus, fomentaque quæro
Vulneribus (sed summa) meis. Nunc tempus, amici,
(Quorum ego manantes oculos & saucia tersi

45 Pectora) reddere opem, sævasque exsolvere grates.
Nimirum tunc vestra domans ego vulnera, mœstos
Increpui: nunc damna dolens alterna, reposco
Infelix lacrimas, & mitis carmina quæro.

Verum erat in fortunae vires, & copia fandi

50 Nulla mihi, dignumque nihil meis fulmine tanto
Repperit: inferior vox omnis; & omnia fortunae
Verba. ignosce, puer; tu me caligine mersum
Obruis ah dira; viso sic vulnere carae
Conjugis, invenit caneret quod Thracius Orpheus
55 Dulce sibi; sic busta Lini complexus Apollo
Non tacuit. Nimius fortasse, avidusque doloris
Dicar, & in lacrimis justum excessisse pudorem.
Quisnam autem gemitus. lamentaque nostra reprendit?
O nimium felix, nimium crudelis, & expers
60 Imperii, Fortuna, tui, qui dicere legem
Fletibus, aut fines audet censere dolendi!
Incitat (heu) planctus. potius fugientia ripas
Flumina devincas, rapidis aut ignibus obstes,
Quam miseros lugere vetes. tamen ille severus
65 (Quisquis is est) nostrae cognoscat vulnera causae,
Non ego mercatus Pharia de pube loquaces
Delicias, doctumque sui convicia Nili
Infantem, lingua nimium, salibusque protervum
Dilexi: meus ille, meus: tellure cadentem
70 Excepi, & vinctum genitali carmine fovi;
Pulsantemque novas tremulis ululatibus auras
Inserui vitae. quid plus tribuere parentes?
Quin alios ortus, libertatemque sub ipsis
Uberibus tibi, parve, dedi: tu munera nostra
75 Ridebas, ignarus adhuc. properaverit ille,

Sed merito properabat, amor; ne perderet ullum
Libertas tam parva diem. nonne horridus ipsos
Invidia, Superos, injustaque Tartara pulsem?
Nonne gemam, te, care puer? quo sospite natos .
80 Non cupii: primo gremium cui protenus ortu
Adplicui, fixique meum: cui verba, sonosque
Monstravi, questusque & murmura caeca resolvens;
Reptantemque solo demissus ad oscula dextra
Erexi, blandique sinus jam jamque natantes
85 Excepisse genas, dulcesque accersere somnos.
Cui nomen vox prima meum, ludusque tenello
Risus, & e nostro veniebant gaudia vultu,

*   *   *   *   *   *   *   .

SYLVARUM FINIS.

P. PAPINII STATII

THEBAIDOS

LIBRI DUODECIM.

P. PAPINII STATII

THEBAIDOS

LIBER PRIMUS.

FRATERNAS acies, alternaque regna profanis
Decertata odiis, fontefque evolvere Thebas,
Pierius menti calor incidit. unde jubetis
Ire Deæ ? Gentifne canam primordia diræ ?
5 Sidonios raptus, & inexorabile pactum
Legis Agenoreæ ? fcrutantemque æquora Cadmum ?
Longa retro feries, trepidum fi Martis operti
Agricolam infandis condentem prælia fulcis
Expediam, penitufque fequar quo carmine muris
10 Jufferit Amphion Tyrios accedere montes,
Unde graves iræ cognata in mœnia Baccho,
Quod fævæ Junonis opus, cui fumpferit arcum
Infelix Athamas, cur non expaverit ingens
Ionium, focio cafura Palæmone mater.
15 Atque adeo jam nunc gemitus, & profpera Cadmi
Præteriiffe finam : limes mihi carminis efto

Oedipodæ confusa domus : quando Itala nondum
Signa, nec Arctoos ausim sperare triumphos,
Bisque jugo Rhenum, bis adactum legibus Istrum,
20 Et conjurato dejectos vertice Dacos :
Aut defensa prius vix pubescentibus annis
Bella Jovis. Tuque ô Latiæ decus addite famæ,
Quem nova maturi subeuntem exorsa parentis
Æternum sibi Roma cupit : licet arctior omnes
25 Limes agat stellas, & te plaga lucida cœli
Pleïadum, Boreæque, & hiulci fulminis expers
Sollicitet ; licet ignipedum frenator equorum
Ipse tuis alte radiantem crinibus arcum
Imprimat, aut magni cedat tibi Juppiter æquæ
30 Parte poli ; maneas hominum contentus habenis,
Undarum terræque potens, & sidera dones.
Tempus erit, cum Pierio tua fortior œstro
Facta canam : nunc tendo chelyn. satis arma referre
Aonia, & geminis sceptrum exitiale tyrannis,
35 Nec furiis post fata modum, flammasque rebelles
Seditione rogi, tumulisque carentia regum
Funera, & egestas alternis mortibus urbes :
Cœrula cum rubuit Lernæo sanguine Dirce,
Et Thetis arentes affuetum stringere ripas,
40 Horruit ingenti venientem Ismenon acervo.
Quem prius heroum Clio dabis ? immodicum iræ
Tydea ? laurigeri subitos an vatis hiatus !
Urget & hostilem propellens cædibus amnem

Turbidus

Turbidus Hippomedon, ploramdaque bella proteryi.
45 Arcados, atque alio Capaneus horrore canendus.
Impia jam merita ícrutatus lumina dextra,
Merferat æterna damnatum noête pudorem,
Oedipodes, longaque animam fub morte tenebat.
Illum indulgentem tenebris, imæque receffu
50 Sedis, inafpeêtos cælo, râdiiíque penates
Servantem, tamen affiduis circumvolat alis,
Sæva dies animi, fcelerumque in peêtore Diræ.
Tunc vacuos orbes, crudum ac miferabile vitæ
Supplicium, oftentat cœlo, manibuíque cruentis
55 Pulfat inane folum, fævaque ita voce precatur :
Dî fontes animas, anguftaque Tartara pœnis
Qui regitis, tuque umbrifero Styx livida fundo,
Quam video, multumque mihi confueta vocari
Annue Tifiphone, perverfaque vota fecunda,
60 Si bene quid merui, fi me de matre cadentem
Fovifti gremio, & trajeêtum vulnere plantas
Firmafti : fi ftagna petii Cyrrhæa bicorni
Interfufa jugo, poffem cum degere falfo
Contentus Polybo, trifidæque in Phocidos arêto
65 Longævum implicui regem, fecuique trementis
Ora fenis, dum quæro patrem : fi Sphyngos iniquæ
Callidus ambages te præmonftrante refolvi :
Si dulces furias, & lamentabile matris
Connubium gavifus inii : noêtemque nefandam
70 Sæpe tuli, natofque tibi (fcis ipfa) paravi ,

Z 2   Mox

Mox avidus pœnæ, digitis cædentibus ultro,
Incubui, miseraque oculos in matre reliqui ;
Exaudi, si digna precor, quæque ipsa furenti
Subjiceres : Orbum visu, regnisque, parentem
75 Non regere, aut dictis mœrentem flectere adorti
Quos genui, quocunque toro : quin ecce superbi
(Pro dolor) & nostro jamdudum funere reges
Insultant tenebris, gemitusque odere paternos,
Hisne etiam funestus ego ? & videt ista deorum.
80 Ignavus genitor ? tu saltem debita vindex
Huc ades, & totos in pœnam ordire nepotes.
Indue quod madidum tabo diadema cruentis
Unguibus arripui, votisque instincta paternis
I media in fratres, generis consortia ferro
85 Dissiliant : da Tartarei regina barathri
Quod cupiam vidisse nefas. nec tarda sequetur
Mens juvenum, modo digna veni, mea pignora nosces.
Talia jactanti crudelis Diva severos
Advertit vultus, inamœnum forte sedebat
90 Cocyton juxta resolutaque vertice crines,
Lambere sulfureas permiserat anguibus undas.
Ilicet igne Jovis, lapsisque citatior astris
Tristibus exiluit ripis. discedit inane
Vulgus, & occursus dominæ pavet, illa per umbras
95 Et caligantes animarum examine campos,
Tenariæ limen petit irremeabile portæ.
Sensit adesse dies : piceo nox obvia nimbo

Lucentes

Lucentes turbavit equos. procul arduus Atlas
Horruit, & dubia coelum cervice remifit.

100 Arripit extemplo Maleæ de valle refurgens
Notum iter ad Thebas. neque enim velocior ullas
Itque reditque vias, cognataque Tartara mavult.
Centum illi ſtantes umbrabant ora ceraſtæ,
Turba minor diri capitis : fedet intus abactis

105 Ferrea lux oculis. qualis per nubila Phœbes
Atracia rubet arte labor : ſuffufa veneno
Tenditur, ac ſanie glifcit cutis : igneus atro
Ore vapor: quo longa ſitis, morbique, famefque,
Et populis mors una venit. riget horrida tergo

110 Palla, & cœrulei redeunt in pectore nodí.
Atropos hos, atque ipſa novat Proferpina cultus.
Tum geminas quatit illa manus. hæc igne rogali
Fulgurat, hæc vivo manus aëra verberat hydro.
Ut ſtetit, abrupta qua plurimus arce Cithæron

115 Occurrit cœlo, fera ſibila crine virenti
Congemiuat, ſignum terris, unde omnis Achæi
Ora maris late, Pelopeiaque regna refultant.
Audiit & medius cœli Parnaffus, & afper
Eurotas, dubiamque jugo fragor impulit Oeten

120 In latus, & geminis vix fluctibus obſtitit Iſthmos,
Ipſa fuum genitrix, curvo delphine vagantem
Arripuit frenis, gremioque Palæmona preffit.
Atque ea Cadmæo præceps ubi limine primum
Conſtitit, affuetaque infecit nube penates :

                              125 Protinus

125 Protinus attoniti fratrum fub pectore motus,
　　 Gentilifque animos fubiit furor, ægraque lætis
　　 Invidia, atque parens odii metus. inde regendi
　　 Sævus amor: ruptæque vices, jurifque fecundi
　　 Ambitus impatiens, & fummo dulcius unum
130 Stare loco, fociifque comes difcordia regnis.
　　 Sic ubi delectos per torva armenta juvencos
　　 Agricola impofito fociare affectat aratro:
　　 Illi indignantes quîs nondum vomere multo
　　 Ardua nodofos cervix defcendit in armos,
135 In diverfa trahunt, atque æquis vincula laxant
　　 Viribus, & vario confundunt limite fulcos:
　　 Haud fecus indomitos præceps difcordia fratres
　　 Afperat. alterni placuit fub legibus anni
　　 Exilio mutare ducem. fic jure maligno
140 Fortunam tranfire jubent, ut fceptra tenentem
　　 Fœdere præcipiti femper novus angeret hæres.
　　 Hæc inter fratres pietas erat: hæc mora pugnæ
　　 Sola, nec in regem perduratura fecundum.
　　 Et nondum craffo laquearia fulva metallo,
145 Montibus aut alte Grajis effulta nitebant
　　 Atria, congeftos fatis explicitura clientes,
　　 Non impacatis regum advigilantia fomnis
　　 Pila, nec alterna ferri ftatione gementes
　　 Excubiæ, nec cura mero committere gemmas,
150 Atque aurum violare cibis. fed nuda poteftas
　　 Armavit fratres: pugna eft de paupere regno,

　　　　　　　　　　　　　　　　　　　　　　Dumque

Dumque uter anguſtæ ſqualentia jugera Dirces
Verteret, aut Tyrii ſolio non altus ovaret
Exulis, ambigitur; periit jus, faſque, bonumque,
155 Et vitæ mortiſque pudor. Quo tenditis iras
Ah miſeri? quid ſi peteretur crimine tanto
Limes uterque poli, quem Sol emiſſus Eoo
Cardine, quem porta vergens proſpectat Ibera?
Quaſque procul terras obliquo ſidere tangit
160 Avius, aut Borea gelidas, madidive tepentes
Igne Noti? quid ſi Tyriæ Phrygiæve ſub unum
Convectentur opes? loca dira, arceſque nefandæ
Suffecere odio, furtiſque immanibus emptum eſt
Oedipodæ ſediſſe loco. Jam forte carebat
165 Dilatus Polynicis honos. quis tum tibi, ſæve,
Quis fuit ille dies? vacua cum ſolus in aula
Reſpiceres jus omne tuum, cunctoſque minores,
Et nuſquam par ſtare caput? Jam murmura ſerpunt
Plebis Echioniæ, tacitumque à principe vulgus
170 Diſſidet, & (qui mos populis) venturus amatur.
Atque aliquis, cui mens humili læſiſſe veneno
Summa, nec impoſitos unquam cervice volenti
Ferre duces: hancne Ogygiis, ait, aſpera rebus
Fata tulere vicem? toties mutare timendos,
175 Alternoque jugo dubitantia ſubdere colla!
Partiti verſant populorum fata, manuque
Fortunam fecere levem. ſemperne viciſſim
Exulibus ſervire dabor? tibi, ſumme deorum,

Terra-

Terrarumque sator, sociis hanc addere mentem
180 Sedit? an inde vetus Thebis extenditur omen,
Ex quo Sidonii nequicquam blanda juvenci
Pondera, Carpathio jussus sale quærere Cadmus
Exul Hyanteos invenit regna per agros:
Fraternasque acies fœtæ telluris hiatu
185 Augurium, seros dimisit adusque nepotes?
Cernis ut erectum torva sub fronte minetur
Sævior assurgens dempto consorte potestas?
Quas gerit ore minas? quanto premit omnia fastu?
Hione unquam privatus erit? tamen ille precanti
190 Mitis, & affatu bonus & patientior æqui.
Quid mirum? non solus erat. nos vilis in omnes
Prompta manus casus domino cuicunque parati.
Qualiter hinc gelidus Boreas, hinc nubifer Eurus
Vela trahunt, nutat mediæ fortuna carinæ.
195 Heu dubio suspensa metu, tolerandaque nullis
Aspera sors populis! hic imperat: ille minatur.
At Jovis imperiis rapidi super atria cœli
Lectus concilio divum convenerat ordo
Interiore polo, spatiis hinc omnia juxta
200 Primæque occiduæque domus, effusa sub omni
Terra atque unda die, medias sese arduus infert
Ipse deis, placido quatiens tamen omnia vultu,
Stellantique locat solio, nec protinus ausi
Cœlicolæ, veniam donec pater ipse sederdi
205 Tranquilla jubet esse manu, mox turba minorum

Semideum,

Semideûm, & fummis cognati nubibus amnes,
Et compreffa metu fervantes murmura venti
Aurea tecta replent, mixta convexa deorum
Majeftate tremunt : radiant majore fereno
210 Culmina, & arcano florentes lumine poftes.
Poftquam juffa quies, filuitque exterritus orbis,
Incipit ex alto : (grave & immutabile fanctis
Pondus adeft verbis, & vocem Fata fequuntur)
Terrarum delicta, nec exuperabile diris
215 Ingenium mortale queror. quonam ufque nocentum
Exigar in pœnas ? tædet fævire corufco
Fulmine. jam pridem Cyclopum operofa fatifcunt
Brachia, & Æoliis defunt incudibus ignes.
Atque ideo tuleram falfo rectore folutos
220 Solis equos, cœlumque rotis errantibus uri,
Et Phaëtontæa mundum fquallere favilla.
Nil actum eft : æque tu valida quod cufpide late
Ire per illicitum pelago germane dedifti.
Nunc geminas punire domos, quîs fanguinis autor
225 Ipfe ego, defcendo. Perfeos alter in Argos
Scinditur, Aonias fluit hic ab origine.Thebas.
Mens cunctis impofta manet : quis funera Cadmi
Nefciat ? & toties excitam à fedibus imis
Eumenidum bellaffe aciem ? mala gaudia matrum,
230 Errorefque feros nemorum, & reticenda deorum
Crimina ? vix lucis fpatio, vix noctis abactæ
Enumerare queam mores, gentemque profanam.

Scandere quin etiam thalamos hic nuptus hæres
Patris, & immeritæ gremium incestare parentis

235 Appetiit, proprios monstro revolutus in ortus.
Ille tamen Superis æterna piacula solvit,
Projecitque diem: nec jam amplius æthere nostro
Vescitur, at nati (facinus sine more!) cadentes
Calcavere oculos. jam jam rata vota tulisti

240 Dire senex: meruere tuæ, meruere tenebræ
Ultorem sperare Jovem. nova fontibus arma
Injiciam regnis, totumque à stirpe revellam
Exitiale genus. belli mihi semina sunto
Adrastus socer, & Superis adjuncta sinistris

245 Connubia. Hanc etiam pœnis incessere gentem
Decretum. neque enim arcano de pectore fallax
Tantalus, & sævæ periit injuria mensæ.
Sic pater omnipotens, ast illi saucia dictis
Flammato versans inopinum corde dolorem

250 Talia Juno refert: mene, ô justissime divûm,
Me bello certare jubes? scis semper ut arces
Cyclopum, magnique Phoroneos inclyta fama
Sceptra viris, opibusque juvem, licet improbus illic
Custodem Phariæ, somno letoque juvencæ

255 Extinguas, septis & turribus aureus intres.
Mentitis ignosco toris: illam odimus urbem,
Quam vultu confessus adis: ubi conscia magni
Signa tori, tonitrus agis, & mea fulmina torques.
Facta luant Thebæ: cur hostes eligis Argos?

260 Quin age, si tanta est thalami discordia sancti,
Et Samon, & veteres armis excinde Mycenas.
Verte solo Sparten, cur usquam sanguine festo
Conjugis ara tuæ, cumulo cur thuris Eoi,
Læta calet? melius votis Mareotica fumat

265 Coptos, & ærisoni lugentia flumina Nili.
Quod si prisca luunt auctorum crimina gentes,
Subvenitque tuis sera hæc sententia curis ;
Percensere ævi senium, quo tempore tandem
Terrarum furias abolere, & secula retro

270 Emendare sat est? jamdudum ab sedibus illis
Incipe, fluctivaga qua præterlabitur unda
Sicanos longe relegens Alpheus amores.
Arcades hic tua (nec pudor est) delubra nefastis
Imposuere locis : illic Mavortius axis

275 Oenomai, Geticoque pecus stabulare sub Æmo
Dignius: abruptis etiamnum inhumata procorum
Relliquiis trunca ora rigent, tamen hic tibi templi
Gratus honos, placet Ida nocens, mentitaque manes
Creta tuos. me Tantaleis consistere tectis,

280 Quæ tandem invidia est? belli deflecte tumultus,
Et generis miseresce tui. sunt impia late
Regna tibi, melius generos passura nocentes.
Finierat miscens precibus convicia Juno,
At non ille gravis, dictis, quanquam aspera, motus

285 Reddidit hæc: equidem haud rebar te mente secunda
Laturam, quodcumque tuos, (licet æquus) in Argos

A a 2   Consu-

Confulerem, neque me (detur fi copia) fallit.
Multa fuper Thebis Bacchum, aufuramque Diosem
Dicere, fed noftri reverentia ponderis obftat.
290 Horrendos etenim latices, Stygia æquora fratris
Obteftor, manfurum & non revocabile verum,
Nil fore quo dictis flectar. quare impiger ales
Portantes præcede Notos Cyllenia proles :
Aëra per liquidum, regnifque illapfus opacis
295 Dic patruo : fuperas fenior fe tollat ad auras
Laïus, extinctum nati quem vulnere, nondum
Ulterior Lethes accepit ripa profundi
Lege Erebi : ferat hæc diro mea juffa nepoti :
Germanum exilio fretum, Argolicifque tumentem
300 Hofpitiis, quod fponte cupit, procul impius aula
Arceat, alternum regni inficiatus honorem :
Hinc cáufæ irarum. certo reliqua ordine ducam.
Paret Atlantiades dictis genitoris, & inde
Summa pedum propere plantaribus illigat alis,
305 Obnubitque comas, & temperat aftra galero.
Tum dextræ virgam inferuit, qua pellere dulces
Aut fuadere iterum fomnos, qua nigra fubire
Tartara, & exfangues animare affueverat umbras,
Defiluit, tenuique exceptus inhorruit aura.
310 Nec mora, fublimes raptim per inane volatus
Carpit, & ingenti defignat nubila gyro.
Interea patriis olim vagus exul ab oris
Oedipodionides furto deferta pererrat

Aoniæ.

Aoniæ. jam jamque animis male debita regna
315 Concipit, & longum fignis cunctantibus annum
Stare gemit. redet una dies noctefque recurfans
Cura virum, ſi quando humilem decedere regno
Germanum, & femet Thebis, opibufque potitum
Cerneret, hac ævum cupiat pro luce pacifci.
320 Nunc queritur ceu tarda fugæ difpendia: ſed mox
Attollit flatus ducis, & ſediſſe fupeṛbum
Dejecto ſe fratre putat, ſpes anxia mentem
Extrahit, & longo confumit gaudia voto.
Tunc ſedet Inachias urbes, Danaeïaque arva,
325 Et caligantes abrupto ſole Mycenas,
Ferre iter impavidum. ſeu prævia ducit Erinnys,
Seu fors illa viæ, ſive hac immota vocabat
Atropos. Ogygiis ululata furoribus antra
Deſerit, & pingues Bacchæo ſanguine colles.
330 Inde plagam, qua molle ſedens in plana Cithæron
Porrigitur, laſſumque inclinat ad æquora montem
Præterit. hinc arcte ſcopuloſo in limite pendens,
Infames Scyrone petras, Scyllæaque rura
Purpureo regnata ſeni, mitemque Corinthon
335 Linquit, & in mediis audit duo littora campis.
Jamque per emeriti ſurgens confinia Phœbi
Titanis, late mundo ſubvecta ſilenti
Rorifera gelidum tenuaverat aëra biga.
Jam pecudes volucrefque tacent: jam ſomnus avaris
340 Inferpit curis, pronufque per aëra nutat,

Grata

Grata laborata referens oblivia vitæ.
Sed nec puniceo rediturum nubila cœlo
Promisere jubar, nec rarescentibus umbris
Longa repercusso nituere crepuscula Phœbo,
345 Densior à terris, & nulli pervia flammæ
Subtexit nox atra polos. jam claustra rigentis
Æoliæ percussa sonant, venturaque rauco
Ore minatur hyems, venti transversa frementes
Configunt, axemque emoto cardine vellunt,
350 Dum cœlum sibi quisque rapit. sed plurimus Auster
Inglomerat noctem, & tenebrosa volumina torquet,
Defunditque imbres. sicco quos asper hiatu
Persolidat Boreas. nec non abrupta tremiscunt
Fulgura, & attritus subita face rumpitur æther.
355 Jam Nemea, jam Tænareis contermina lucis
Arcadiæ capita alta madent. ruit agmine facto
Inachus, & gelidas surgens Erasinus ad Arctos.
Pulverulenta prius, calcandaque flumina nullæ
Aggeribus tenuere moræ, stagnoque refusa est.
360 Funditus, & veteri spumavit Lerna veneno.
Frangitur omne nemus, rapiunt antiqua procellæ
Brachia sylvarum, nullisque aspecta per ævum
Solibus umbrosi patuere æstiva Lycæi.
Ille tamen modo saxa jugis fugientia ruptis
365 Miratur, modo nubigenas è montibus amnes,
Aure pavens, passimque insano turbine raptas,
Pastorum pecorumque domos. non segnius amnes

Inco-

Incertusque viæ, per nigra silentia, vastum
Haurit iter. pulsat metus undique, & undique frater.
370 Ac velut hyberno deprensus navita ponto,
Cui neque temo piger, neque amico fidere monstras
Luna vias, medio cœli, pelagique tumultu
Stat rationis inops: jam jamque aut saxa malignis
Expectat submersa vadis, aut vertice acuto
375 Spumantes scopulos erectæ incurrere pror_æ
Talis opaca legens nemorum Cadmeïus heros,
Accelerat, vasto metuenda umbone ferarum
Excutiens stabula, & prono virgulta refringit
Pectore: dat stimulos animo vis mœsta timoris,
380 Donec ab Inachiis victa caligine tectis
Emicuit lucem devexa in mœnia fundens
Larissæus apex. illo spe concitus omni
Evolat. hinc celsæ Junonia templa Prosymnæ
Lævus habet, hinc Herculeo signata vapore
385 Lernæi stagna atra vadi tandemque reclusa
Infertur portis. actutum regia cernit
Vestibula. hic artus imbri, ventoque rigentes
Projicit, ignotæque acclinis postibus aulæ
Invitat tenues ad dura cubilia somnos.
390 Rex ibi tranquillæ medio de limite vitæ
In senium vergens populos Adrastus habebat,
Dives avis, & utroque Jovem de sanguine ducens.
Hic sexu melioris inops, sed prole virebat
Fœmineâ, gemino natarum pignore fultus,

395 Cui Phœbus generos (monſtrum exitiabile dictu !
    Mox adaperta fides) ævo docente canebat
    Setigerumque ſuem, & fulvum adventare leonem.
    Hæc volvens, non ipſe pater, non docte futuri
    Amphiaraë vides, etenim vetat auctor Apollo.
400 Tantum in corde ſedens ægreſcit cura parentis.
    Ecce autem antiquam fato Calydona relinquens
    Olenius Tydeus (fraterni ſanguinis illum
    Conſcius horror agit) eadem ſub nocte ſopora
    Luſtra terit, ſimileſque Notos dequeſtus & imbres,
405 Infuſam tergo glaciem, & liquentia nimbis
    Ora, comaſque gerens, ſubit uno tegmine, cujus
    Fuſus humo gelida, partem prior hoſpes habebat.
    Hic vero ambobus rabiem fortuna cruentam
    Attulit, haud paſſi ſociis defendere noctem
410 Culminibus. paulum alternis in verba minaſque
    Cunctantur: mox ut jactis ſermonibus iræ
    Intumuere ſatis, tum vero erectus uterque
    Exertare humeros, nudamque laceſſere pugnam.
    Celſior ille gradu procera in membra, ſimulque
415 Integer annorum, ſed non & viribus infra
    Tydea ſert animus, totoſque infuſa per artus
    Major in exiguo regnabat corpore virtus.
    Jam crebros ictus ora & cava tempora circum
    Obnixi ingeminant, telorum aut grandinis inſtar
420 Rhipheæ, flexoque genu vacua illa tundunt.
    Non aliter quam Piſæo ſua luſtra Tonanti

                                              Cum

Cum redeunt, crudisque virum sudoribus ardet,
Pulvis, at hinc teneros caveæ diffensus ephebos
Concitat, exclusæque expectant præmia matres.
425 Sic alacres odjo, nullaque cupidine laudis
Accensi incurrunt, scrutatur & intima vultus
Unca manus, penitusque oculis cedentibus instat.
Forsan & accincto lateri (sic ira ferebat)
Nudassent enses, meliusque hostilibus armis
430 Lugendus fratri juvenis Thebane, jaceres,
Ni rex insolitum clamorem, & pectore ab alto
Stridentes gemitus, noctis miratus in umbris,
Movisset gressus, magnis cui sobria curis
Pendebat somno jam deteriore senectus.
435 Isque ubi progrediens numerosa luce, per alta
Atria, dimotis adverso limine claustris
Terribilem dictu faciem, lacera ora, putresque
Sanguineo videt imbre genas : quæ causa furoris
Externi juvenes ? (neque enim meus audeat istas
440 Civis in usque manus) quisnam implacabilis ardor
Exturbare odiis tranquilla silentia noctis ?
Usque adeone angusta dies ? & triste, parumper
Pacem animo, somnumque pati ? sed prodite tandem
Unde orti ? quo fertis iter ? quæ jurgia ? nam vos
445 Haud humiles tanta ira docet, generisque superbi
Magna per effusam clarescunt signa cruorem.
Vix ea, cum mixto clamore obliqua tuentes
Incipiunt una : Rex ô mitissime Achivûm,

Quid verbis opus ? ipse undantes sanguine vultus

450 Aspicis, haec passim turbatis vocem amant
Confidere senis. inde orsus in ordine Tydeus
Continuat : moesti. cupiens solatia casus.
Monstrisque Calydonis opes, Acheloiaque arva
Deserui : vestris hic me ecce in finibus ingens

455 Nox operit, tecto coelum prohibere quis istas
Arcuit ? an quoniam prior haec ad limina forte
Molitur gressus ? pariter stabulare bimembres
Centauros, unaque ferunt Cyclopas in Ætna
Compositos, sunt & rabidis jura insita monstris,

460 Fasque suum : nobis sociare cubilia terrae ?
Sed quid ego ? aut hodie spoliis gavisus abibis
Quisquis es his ; aut me, si non effoetus oborto
Sanguis hebet luctu, magni de stirpe creatum.
Oeneos, & Marti non degenerare paterno

465 Accipies. Nec nos animi, nec stirpis egemus,
Ille refert contra, sed mens sibi conscia facti
Cunctatur proferre patrem. tunc mitis Adrastus,
Immo agite, & positis, quas nox inopinaque suasit,
Aut virtus, aut ira minis, succedite tecto.

470 Jam pariter coëant animorum in pignora dextrae.
Non haec incassum, divisque absentibus acta :
Forsan & has venturus amor praemiserit iras,
Ut meminisse juvet. nec vana voce locutus
Fata senex : siquidem hanc perhibent post vulnera junctis

475 Esse fidem, quanta partitum extrema protervo

Thesea

Thefea Pirithoo, vel inanem mentis Oreftem
Oppofito rabidam Pylade vitaffe Megæram.
Tunc quoque mulcentem dictis corda afpera regem
Jam faciles (ventis ut decertata refidunt
480 Æquora, laxatifque diu tamen aura fuperftes
Immoritur velis) paffi fubiere penates.
Hic primum luftrare oculis, cultufque virorum
Telaque magna vacat, tergo videt hujus inanem
Impexis utrinque jubis horrere leonem,
485 Illius in fpeciem, quem per Theumefia Tempe
Amphytrioniades fractum juvenilibus armis
Ante Cleonæi veftitur prælia monftri.
Terribiles contra fetis, ac dente recurvo
Tydea per latos humeros ambire laborant
490 Exuviæ, Calydonis honos. ftupet omine tanto
Defixus fenior, divina oracula Phœbi
Agnofcens, monitufque datos vocalibus antris.
Obtutu gelida ora premit, lætufque per artus
Horror iit. fenfit manifefto numine ductos
495 Affore. quos nexis ambagibus augur Apollo
Portendi generos, vultu fallente ferarum,
Ediderat. tunc fic tendens ad fidera palmas:
Nox, quæ terrarum cœlique amplexa labores
Ignea multivago tranfmittis fidera lapfu,
500 Indulgens reparare animum, dum proximus ægris
Infundat Titan agiles animantibus ortus,
Tu mihi perplexis quæfitam erroribus ultro

Advehis

Advehis alma fidem, veterisque exordia fati
Detegis. affistas operi, tuaque omina firmes.
505 Semper honoratam dimensis orbibus anni
Te domus ista colet: nigri tibi, diva, litabunt
Electa cervice greges, lustraliaque exta.
Lacte novo perfusus edet Vulcanius ignis.
Salve prifca fides tripodum, obscurique recessus!
510 Deprendi Fortuna deos. fic fatus; & ambos
Innectens manibus tecta ulterioris ad aulæ
Progreditur. canis etiamnum altaribus ignes,
Sopitum cinerem, & tepidi libamina facri
Servabant, adolere focos, epulasque recentes
515 Inftaurare jubet. dictis parere ministri
Certatim accelerant. vario strepit icta tumultu
Regia: pars oftro tenues, auroque fonantes
Emunire toros, altofque inferre tapetas;
Pars terstes levare manu, ac disponere mensas.
520 Aft alii tenebras & opacam vincere noctem
Aggressi, tendunt auratis vincula lychnis.
His labor inferto torrere exanguia ferro
Viscera cæfarum pecudum: his cumulare caniftris.
Perdomitam faxo Cererem. Imitatur Adraftus
525 Obfequio fervere domum. jamque ipse superbia
Fulgebat ftratis, folioque effultus eburno.
Parte alia juvenes ficcati vulnera lymphis
Difcumbunt: fimul ora notis fœdata tuentur,
Inque vicem ignofcunt. tunc rex longævus Aceften.

530 (Nata.

530 (Natarum hæc altrix, eadem & fidiffima cuftos
    Lecta facram juftæ Veneri occultare pudorem)
    Imperat acciri, tacitaque immurmurat aure.
    Nec mora præceptis: cum protinus utraque virgo
    Arcano egreffæ thalamo (mirabile vifu)
535 Pallados armifonæ, pharetratæque ora Dianæ
    Æqua ferunt, terrore minus. nova deinde pudori
    Vifa virûm facies: pariter, pallorque, ruborque
    Purpureas haufere genas: oculique verentes
    Ad fanctum redfere patrem. poftquam ordine menfæ
540 Victa fames, fignis perfectam auroque nitentem
    Iafides pateram famulos ex more popofcit,
    Qua Danaus libare deis feniorque Phoroneus
    Affueti. tenet hæc operum cælata figuras:
    Aureus anguicomam præfecto Gorgona collo
545 Ales habet. jam jamque vagas (ita vifus) in auras
    Exilit: illa graves oculos, languentiaque ora
    Pæne movet, vivoque etiam pallefcit in auro.
    Hinc Phrygius fulvis venator tollitur alis:
    Gargara defidunt furganti, & Troja recedit.
550 Stant mœfti comites, fruftraque fonantia laxant
    Ora canes, umbramque petunt, & nubila latrant.
    Hanc undante mero fundens, vocat ordine cunctos
    Cœlicolas: Phœbum ante alios, Phœbum omnis ad aras
    Laude ciet comitum, famulumque, evincta pudica
555 Fronde, manus: cui fefta dies, largoque refecti
    Thure, vaporatis lucent altaribus ignes.

                                              Forfitan,

Forsitan, ô juvenes, quæ sint ea sacra, quibusque
Præsipuum causis Phœbi obtestemur honorem,
Rex ait, exquirunt animi. non inscia suasit
560 Relligio : magnis exercita cladibus olim
Plebs Argiva litant : animos advertite, pandam :
Postquam cœrulei sinuosa volumina monstri,
Terrigenam Pythona, deus septem orbibus atris
Amplexum Delphos, squammisque annosa terentem :
565 Robora, Castaliis dum fontibus ore trifulco
Fusus hiat, nigro sitiens alimenta veneno,
Perculit, absumptis numerosa in vulnera telis,
Cyrrhæique dedit centum per jugera campi
Vix tandem explicitum, nova deinde piacula cædi
570 Perquirens, nostri tecta haud opulenta Crotopi
Attigit. huic primis, & pubem ineuntibus annis
Mira decore pio, servabat nata penates
Intemerata toris. felix, si Delia nunquam
Furta, nec occultum Phœbo sociasset amorem.
575 Namque ut passa deum Nemeæi ad fluminis undam,
Bis quinos plena cum fronte resumeret orbes
Cynthia, sideream Latonæ fœta nepotem
Edidit : ac pœnæ metuens (neque enim ille coactis
Donasset thalamis veniam pater) avia rura
580 Eligit, ac natum septa inter ovilia furtim
Montivago pecoris custodi mandat alendum.
Non tibi digna, puer, generis cunabula tanti
Gramineos dedit herba toros, & vimine querno

Texta

Texta domus: clausa arbutei sub cortice libri
585 Membra tepent, suadetque leves cava fistula somnos,
Et pecori commune solum. sed fata nec illum
Concessere larem: viridi nam cespite terræ
Projectum tenere, & patulo cœlum ore trahentem
Dira canum rabies morsu depasta cruento
590 Disjicit. hic verò attonitas ut nuntius aures
Matris adit, pulsi ex animo genitorque, pudorque,
Et metus. ipsa ultro sævis plangoribus amens
Tecta replet, vacuumque ferens velamine pectus
Occurrit confessa patri. nec motus, & atro
595 Imperat, infandum! cupientem occumbere leto.
Sero memor thalami, mœstæ solatia morti
Phœbe paras. monstrum infandis Acheronte sub imo
Conceptum Eumenidum thalamis: cui virginis ora,
Pectoraque, æternum stridens à vertice surgit,
600 Et ferrugineam frontem discriminat anguis.
Hæc tam dira lues nocturno squallida passu
Illabi thalamis, animasque à stirpe recentes
Abripere altricum gremiis, morsuque cruento
Devesci & multum patrio pinguescere luctu.
605 Haud tulit armorum præstans animique Corœbus,
Seque ultro lectis juvenum, qui robore primi
Famam posthabita faciles extendere vita,
Obtulit. illa novos ibat populata penates
Portarum in bivio. lateri duo corpora parvùm
610 Dependent, & jam unca manus vitalibus hæret,

Ferratique

Ferratique ungues tenero sub corde tepescunt.
Obvius huic latus omne virum stipante corona
Et juvenis, ferrumque ingens sub pectore diro
Condidit: atque imas animæ mucrone corusco
615 Scrutatus latebras, tandem sua monstra profundo
Reddit habere Jovi. juvat ire, & visere juxta
Liventes in morte oculos, uterique nefandam
Proluviem, & crasso squallentia pectora tabo,
Qua nostræ cecidere animæ. stupet Inacha pubes.
620 Magnaque post lachrymas etiamnum gaudia pallent.
Hi trabibus duris solatia vana dolori,
Proterere exanimes artus, asprosque molares
Deculcare genis, nequit iram explere potestas.
Illam & nocturno circum stridore volantes
625 Impastæ fugistis aves, rabidamque canum vim,
Oraque sicca ferunt trepidorum inhiasse luporum.
Sævior in miseros satis ultricis ademptæ
Delius insurgit, summaque biverticis umbra
Parnassi residens, arcu crudelis iniquo
630 Pestifera arma jacit, camposque, & celsa Cyclopum
Tecta, superjecto nebularum incendit amictu:
Labuntur dulces animæ: mors fila sororum
Ense metit, captamque tenens fert manibus urbem.
Quærenti quæ causa duci, quis ab æthere lævus
635 Ignis, & in totum regnaret Sirius annum?
Idem autor Pæan rursus jubet ire cruento
Inferias monstro juvenes, qui cæde potiti.

Fortunate animi, longumque in fæcula digna
Promeriture diem ! non tu pia degener arma

640 Occulis, aut certæ trepidas occurrere morti,
Cominus ora ferens, Cyrrhæi in limine templi
Conftitit, & facras ita vocibus afperat iras:
Non miffus, Thymbræe, tuos fupplexve penates
Advenio: mea me pietas, & confcia virtus

645 Has egere vias. ego fum qui cæde fubegi,
Phœbe, tuum mortale nefas, quem nubibus atris
Et fquallente die, nigra quem tabe finiftri
Quæris, inique, poli. quod fi monftra effera magnis
Cara adeo Superis, jacturaque vilior orbis,

650 Mors hominum, & fævo tanta inclementia cœlo eft:
Quid meruere Argi ? me me, divûm optime, folum
Objeciffe caput fatis præftabit. an illud
Lene magis cordi, quod defolata domorum
Tecta vides ? ignique datis cultoribus omnis

655 Lucet ager ? fed quid fando tua tela manufque
Demoror ? expectant matres, fupremaque fundunt
Vota mihi. fatis eft : merui, ne parcere velles.
Proinde move pharetras, arcufque intende fonoros,
Infignemque animam leto demitte. fed illum

660 Pallidus Inachiis qui defuper imminet Argis,
Dum morior, depelle globum. Fors æqua, merentes
Refpicit. ardentem, tenuit reverentia, cædis
Latoïdem, triftamque viro fummiffus honorem
Largitur vitæ. noftra mala nubila cœlo

665 Diffugiunt. at tu ſtupefacti à limine Phœbi
Exoratus abis. inde hæc ſtata ſacra quotannis
Solennes recolunt epulæ, Phœbeiaque placat
Templa novatus honos : has forte inviſitis aras.
Vos quæ progenies ? quanquam Calydonius Oeneus,

670 Et Parthaoniæ (dudum ſi certus ad aures
Clamor iit) tibi jura domus ; tu pande quis Argos
Advenias, quando hæc variis ſermonibus ora eſt.
Dejecit mæſtos extemplo Iſmenius heros
In terram vultus, taciteque ad Tydea læſum

675 Obliquare oculos. tum longa ſilentia movit :
Non ſuper hos divum tibi ſum quærendus honores,
Unde genus, quæ terra mihi : quis defluat ordo
Sanguinis antiqui, piget inter ſacra fateri.
Sed ſi præcipitant miſerum cognoſcere curæ,

680 Cadmus origo patrum, tellus Mavortia Thebæ,
Et genitrix Jocaſta mihi. tum motus Adraſtus
Hoſpitiis (agnovit enim) quid nota recondis ?
Scimus, ait. nec ſic averſum fama Mycenis
Volvit iter. regnum, & furiae, oculoſque pudentes

685 Novit, & Arctois ſi quis de ſolibus horret,
Quique bibet Gangen, aut nigrum occaſibus intrat
Oceanum, & ſi quos incerto littore Syrtes
Deſtituunt, ne perge queri, eaſque priorum
Annumerare tibi. noſtro quoque ſanguine multum

690 Erravit pietas. nec culpa nepotibus obſtat.
Tu modo diſſimilis rebus mereare ſecundis

Excuſat

Excufare tuos. fed jam temone fupino
Languet Hyperboreæ glaciàlis portitor Urfæ.
Fundite vina focis, fervatoremque parentum
695 Latoïden votis iterumque iterumque canamus.
Phœbe parens, feu te Lyciæ Pataræa nivofis
Exercent dumeta jugis, feu rore pudico
Caftaliæ flavos amor eft tibi mergere crines :
Seu Trojam Thymbræus habes, ubi fama volentem
700 Ingratis Phrygios humeris fubiiffe molares :
Seu juvat Ægæum feriens Latonius umbra
Cynthus, & affiduam pelago non quærere Delon :
Tela tibi, longeque feros lentandus in hoftes
Arcus, & ætherii dono ceffere parentes
705 Æternum florere genas. tu doctus iniquas
Parcarum prænoffe manus, fatumque quod ultra eft,
Et fummo placitura Jovi. quis letifer annus,
Bella quibus populis, mutent quæ fceptra Cometæ.
Tu Phryga fubmittis citharæ. tu matris honori
710 Terrigenam Tityon Stygiis extendis arenis.
Te viridis Python, Thebanaque mater ovantem,
Horruit in pharetris. ultrix tibi torva Megæra
Jejunum Phlegyam fubter cava faxa jacentem
Æterno premit accubitu, dapibufque profanis
715 Inftimulat : fed mifta famem faftidia vincunt.
Adfis ô memor hofpitii, Junoniaque arva
Dexter ames. feu te rofeum Titana vocari
Gentis Achæmeniæ ritu, feu præftat Ofyrin

C c 3   Frugi-

Frugiferum, seu Persei sub rupibus antri
720 Indignata sequi torquentem cornua Mitram.

P. PAPINII STATII

THEBAIDOS

LIBER SECUNDUS.

INTEREA gelidis Maia satus aliger umbris
   Jussa gerens magni remeat Jovis. undique pigræ
   Ire vetant nubes, & turbidus implicat aër:
Nec Zephyri rapuere gradum, sed foeda silentis
5 Aura poli. Styx inde novem circumflua campis.
Hinc objecta vias torrentum incendia cludunt,
Pone senex trepida succedit Laïus umbra
Vulnere tardus adhuc. capulo nam largius illi
Transabiit costas cognatis ictibus ensis
10 Impius, & primas Furiarum pertulit iras.
 It tamen, & medica firmat vestigia virga.
Tum steriles luci, possessaque Manibus arva,
Et ferrugineum nemus adstupet, ipsaque tellus
Miratur patuisse retro, nec livida tabes

15 Invi-

15 Invidiæ, funeſti quanquam & jam lumine caſſis
  Defuit. untrs ibi ante alios, cui leva voluntas
  Semper, & ad Superos hinc eſt gravis exitus, ævi
  Infultare malis, rebuſque ægreſcere lætis :
  Vade, ait, ô felix quoſcunque vocaris in uſus,

20 Seu Jovis imperio, ſeu major adegit Erinnyſ
  Ire diem contra, ſeu te furiata ſacerdos
  Theſſalis arcano jubet emigrare ſepulchro,
  Heu dulces viſure polos, ſolemque relictum,
  Et virides terras & puros fontibus amnes.

25 Triſtior has iterum tamen intrature tenebras.
  Illos ut cæco recubans in limine ſenſit
  Cerberus, atque omnes capitum ſubrexit hiatus ;
  Sævus & intranti populo. jam nigra tumebat
  Colla minax, jam ſparſa ſolo turbaverat oſſa.

30 Ni Deus horrentem Lethæo vimine mulcens
  Ferrea tergemino domuiſſet lumina ſomno.
  Eſt locus Inachiæ, dixerunt Tænara gentes,
  Qua formidatum Maleæ ſpumantis in auras
  It caput, & nullos admittit culmine viſus.

35 Stat ſublimis apex, ventoſque imbreſque ſerenus
  Deſpicit, & tantum feſſis inſiditur aſtris.
  Illic exhauſti poſuere cubilia venti :
  Fulminibuſque iter eſt. medium cava nubila montis
  Inſumpſere latus : ſummos nec præpetis alæ

40 Plauſus adit colles, nec rauca tonitrua pulſant.
  Aſt ubi prona dies, longos ſuper æquora fines

                    Exigit,

Exigit, atque ingens medio natat umbra profundo,
Interiore finu frangentia littora curvat
Tænaros, expoſitos non audax ſcandere fluctus.
45 Illic Ægæo Neptunus gurgite feſſos
In portum deducit equos : prior haurit arenas
Ungula ; poſtremi ſolvuntur in æquora piſces.
Hoc (ut fama) loco pallentes devius umbras
Trames agit, nigrique Jovis vacua atria ditat
50 Mortibus : Arcadii perhibent ſi vera coloni,
Stridor ibi, & gemitus pœnarum, atroque tumultu
Fervet ager. ſæpe Eumenidum vocefque, manuſque,
In medium ſonuere diem, lætique triformis
Janitor agricolas campis auditus abegit.
55 Hac & tunc fuſca volucer deus obſitus umbra
Exilit ad Superos, infernaque nubila vultu
Diſcutit, & vivis afflatibus ora ſerenat.
Inde per Arcturum, mediæque filentia Lunæ
Arva ſuper, populoſque meat.   Sopor obvius illi
60 Noctis agebat equos, trepiduſque aſſurgit honori
Numinis, & recto decedit limite cœli.
Inferior volat umbra deo, præreptaque noſcit
Sidera, principiumque ſui. jamque ardua Cyrrhæ,
Pollutamque ſuo deſpectat Phocida buſto.
65 Ventum erat ad Thebas : gemuit prope limina nati
Laïus, & notos cunctatur inire penates.
Ut vero excelſis fuamet juga nixa columnis
Vidit, & infectos etiamnum ſanguine currus,

Pene

Pene retro turbatus abit. nec fumma Tonantis
70 Juffa, nec Arcadiæ retinent fpiramina virgæ.
Et tunc forte dies noto fignata Tonantis
Fulmine, prærupti cum te, tener Evie, partus
Tranfmifere patri.   Tyriis ea cauffa colonis
Infomnem ludo certatim educere noctem
75 Suaferat. effufi paffim per tecta, per agros,
Serta inter, vacuofque mero crateras anhelum
Proflabant fub luce deum. tum plurima buxus,
Æraque taurinos fonitu vincentia pulfus.
Ipfe etiam gaudens nemorofa per avia fanas
80 Impulerat matres Baccho meliore Cithæron.
Qualia per Rhodopen rapido convivia cœtu
Biftones, aut mediæ ponunt convallibus Offæ.
Illis femianimum pecus, excuffæque leonum
Ore dapes, & lacte nove domuiffe cruorem
85 Luxus, at Ogygii fi quando afflavit Iacchi
Sævus ordo, tunc faxa manu, tunc pocula pulchrum
Spargere, & immerito fociorum fanguine fufo
Inftaurare diem, feftafque reponere menfes.
Nox ea, cum tacita volucer Cyllenius aura
90 Regis Echionii ftratis adlapfus, ubi ingens
Fuderat Affyriis extructa tapetibus alto
Membra toro. pro gnara nihil mortalia fati
Corda fui! capit ille dapes, habet ille foporem.
Tunc fenior quæ juffus agit, neu falfa videri
95 Noctis imago queat, longævi vatis opacos

Tire-

Tiresiæ vultus, vocemque, & vellera nota
Induitur. mansere comæ, propexaque mento
Canicies, pallorque suus. sed falsa cucurrit
Infula per crines, glaucæque innexus olivæ
100 Vittarum provenit honos. dehinc tangere ramo
Pectora, & has visus Fatorum expromere voces:
Non somni tibi tempus iners, qui nocte sub alta
Germani secure jaces: ingentia dudum
Acta vocant, rerumque graves, ignave, paratus.
105 Tu veluti, magnum si jam tollentibus Austris
Ionium nigra jaceat sub nube magister,
Immemor armorum, versantisque æquora clavi
Cunctaris. jamque ille novis (scit fama) superbus
Connubiis, viresque parat quis regna capessat,
110 Quis neget, inque sua senium sibi destinat aula.
Dant animos socer augurio fatalis Adrastus,
Dotalesque Argi, nec non in foedera vitæ
Pollutus placuit fraterno sanguine Tydeus.
Hinc tumor, & longus fratri promitteris exul.
115 Ipse deûm genitor tibi me miseratus ab alto
Mittit. habe Thebas cæcumque cupidine regni,
Ausurumque eadem germanum expelle; nec ultra
Fraternos inhiantem obitus sine fidere coeptis
Fraudibus, aut Cadmo dominas inferre Mycenas.
120 Dixit, & abscedens (etenim jam pallida turbant
Sidera lucis equi) ramos ac vellera fronti
Deripuit, confessus avum, dirique nepotis.

Incubuit

Incubuit ftratis: jugulum mox cæde patentem
Nudat, & madanti perfundit vulnere fomnum,

125 Illi rupta quies, attollit membra, toroque
Erigitur plenus monftris, vanumque cruorem
Excytiens, fimul horret avum, fratremque requirit.
Qualis ubi audito venantum murmure tigris
Horruit in maculas, fomnofque excuffit inertes;

130 Bella cupit, laxatque genas, & temperat ungues;
Mox ruit in turmas, natifque alimenta cruentis
Spirantem fert ore virum: fic exoitus ira,
Ductor, in abfentem confumit prælia fratrem.
Et jam Mygdoniis alata cubilibus alto

135 Impulerat cœlo gelidas Aurora tenebras,
Rorantes excuffa comas, multumque fequenti
Sole rubens: illi rofeus per nubila feras
Advertit flammas, alienumque æthera tardo
Lucifer exit equo, donec pater igneus orbem

140 Impleat, atque ipfi radios vetet effe foreri.
Cum fenior Talaonides, nec longa morati
Dircæufque gradum pariterque Acheloïas heros
Corripuere toris. Illos poft verbera feffos,
Exceptamque hyemem cornu perfuderat omni

145 Somnus. at Inachio tenuis fub pectore regi
Tracta quies, dum mente deos, inceptaque verfat
Hofpitia, & quæ fint generis adfcita repertis
Fata movet. poftquam mediis in fedibus aulæ
Congreffi, inque vicem dextras Junxere; fecumque.

150 Quo favere artamus aptum, atque evolvere curas,
Infidunt prior his dubios compellat Adraftus:
Egregii juvenum, quos non fine numine regnis
Invexit nox dextra meis, quibus ipfe per imbres
Fulminibus mixtos, intempeftumque Tonantem

155 Has meus ufque domos veftigia fecit Apollo:
Non equidem obfcurum vobis, plebique Pelafgæ
Effe reor, quantis connubia noftra proeorum
Turba petant ftudiis. geminæ mihi namque, nepotum
Læta fides, æquo pubefcunt fidere natæ.

160 Quantus honos, quantufque pudor (ne credite patri)
Et fuper hefternas licuit cognofcere menfas.
Has tumidi folio, & late dominantibus armis
Optavere viri, (longum enumerare Pharæos
Oebaliofque duces,) & Achæa per oppida matres,

165 Spem generis, nec plura tuus defpexerat Oeneus
Foedera, Pifæifque focer metuendus habenis.
Sed mihi nec Sparta genitos, nec ab Elide miffos
Jungere fas generos; vobis hic fanguis, & aulæ
Jura meæ, longo promittitur ordine fati.

170 Di bene, quod tales ftirpemque animofque venitis,
Ut refponfa juvent. hic duræ tempore noctis
Partus honos: hæc illa venit poft verbera merces.
Audierant: fixofque oculos per mutua paulum
Ora tenent, vifique inter fefe ordine fandi

175 Cedere. fed cunctis Tydeus audentior actis
Incipit: fiquam te paretum in proemia famæ

Mens agitat matura tuæ, quantumque ferentem
Fortunam virtute domas! cui cedat Adrastus
Imperiis? quis te folio Sicyonis avitæ.
180 Excitum infrenos componere legibus Argos
Nesciat? atque utinam his manibus permittere gentes,
Juppiter æque, velis, quas Doricus alligat undis
Isthmos, & alterno quas margine submovet, infra:
Non fugeret diras lux intercisa Mycenas,
185 Sæva nec Eleæ gemerent certamina valles.
Eumenidesque aliis aliæ sub regibus, & quæ
Tu potior, Thebane, queri. nos vero volentes,
Expositique animis. sic interfatus, & alter
Subjicit, Anne aliquis soceros accedere tales
190 Abnuat? exulibus quamquam patriaque fugatis
Nondum læta Venus, tamen omnis corde resedit
Tristitia, affixique animo cessere dolores.
Nec minus hæc læti trahimus solatia, quam si
Præcipiti convulsa Noto, prospectet amicam
195 Puppis humum, juvat ingressos felicia regni
Omina, quod superest fati vitæque laborum.
Fortuna transire tua, nec plura morati,
Consurgunt, dictis impensius aggerat omne,
Promissum Inachius pater, auxilioque futurum
200 Et patriis spondet reduces inducere regnis.
Ergo alacres Argi, fuso rumore per urbem,
Advenisse duci generos, primisque Hymenæis.
Egregiam Argian, nec formæ laude secundam.

D d 2   Deiphilen,

Deiphilen, tumida jam virginitate jugaci .

205 Gaudia mente parant, socias it Fama per urbes :
    Finitimiſque agitatur agris. procul uſque Lyceo
    Parthenioſque ſuper ſaltus; Ephyreaque rura.
    Nec minus Ogygias eadem dea turbida Thebas
    Inſilit. & totis perfundit mœnia pennis,

210 Labdaciumque ducem præmiſſæ conſona nocti
    Territat, hoſpitia, & thalamos, & fœdera regni,
    Permixtumque genus (quæ tanta licentia monſtro?
    Quis furor eſt?) jam bella canit. diffuderat Argos
    Expectata dies. læto regalia cœtu

215 Atria complentur, ſpecies eſt cernere avorum
    Cominus, & vivis certantia vultibus æra.
    Tantum auſæ perferre manus. pater ipſe bicornis
    In levam prona nixus ſedet Inachis urna.
    Hunc tegit Iaſiuſque ſenex, placiduſque Phoroneus,

220 Et bellator Abas, indignatuſque Tonantem
    Acriſius ; nudoque ferens caput enſe Corœbus,
    Torvaque jam Danai facinus meditantis imago.
    Exin mille duces : foribus cum immiſſa ſuperbis
    Unda fremit vulgi. procerum manus omnis, & alto

225 Quis propior de rege gradus, ſtant ordine primi :
    Interior ſacris calet, & ſonat aula tumultu
    Fœmineo. caſta matres cinxere corona
    Argolides : pars virginibus circum undique fuſæ
    Fœdera conciliant nova, ſolanturque timorem.

230 Ibant inſignes vultuque habituque verendo

Candida purpureum fufæ fuper ora ruborem,
Dejectæque genas, tacito fubit ille fupremus
Virginitatis amor, primæque modeftia culpæ
Confudit vultus, tunc ora rigantur honeftis
235 Imbribus, & teneros lachrymæ juvere parentes.
Non fecus ac fupero pariter fi cardine lapfæ
Pallas, & afperfæ Phœbi foror, utraque talis,
Utraque torva genis, flavoque in vertice nodo,
Illa fuas Cyntho comites agat, hæc Aracyntho:
240 Tunc, fi fas oculis, non unquam longa tuendo
Expedias, cui major honos, cui gratior, aut plus
De Jove, mutatofque velint transfumere cultus,
Et Pallas deceat pharetras, & Delia criftas.
Certant lætitia, Superofque in vota fatigant
245 Inachidæ, quæ cuique domus, facrique facultas,
Hi fibris, animaque litant, hi cefpite nudo,
Nec minus auditi, fi mens accepta meretur
Thure deos; fractifque obtendunt limina fylvis.
Ecce metu fubito (Lachefis fic dira jubebat)
250 Impulfæ mentes; excuffaque gaudia patris,
Et turbata dies. innuptam lumine adibant
Pallada; Munychiis cui non Argiva per urbes
Pofthabita eft Lariffæ jugis, hic more parentum
Iafides, thalamis ubi cafta adolefceret ætas,
255 Virgineas libare comas, primofque folebant
Excufare toros. celfam fubeuntibus arcem
In gradibus fummi delapfum culmine templi

Arcados

Arcados Evippi spolium cadit: icreus orbis ;
Præmissasque faces, festum nubentibus ignem,
260 Obruit, atque adytis simul exaudita remotis
Nondum ausos firmare gradum, tuba terruit ingens.
In regem conversi omnes formidine prima,
Mox audisse negant : cunctos tamen omina rerum
Dira movent, variisque metum sermonibus augent.
265 Nec mirum : nam tu infaustos donante marito
Ornatus Argia geris, dirumque monile
Harmonies. longa est series, sed nota malorum
Prosequar, unde novis tam sæva potentia donis.
Lemnius hæc, ut prisca fides Mavortia longum
270 Furta dolens, capto postquam nihil obstat amori
Pœna, nec ultrices castigavere catenæ,
Harmonies dotale decus sub luce jugali
Struxerat. hoc, docti quanquam majora, laborant
Cyclopes notique operum Thelchines amica
275 Certatim juvere manu, sed plurimus ipsi
Sudor. ibi arcano florentes igne smaragdos
Cingit, & infaustas percussum adamanta figuras,
Gorgoneosque orbes, Siculaque incude relictos
Fulminis extremi cineres, viridumque draconum
280 Lucentes á fronte jubas : hic flebile germen
Hesperidum, & dirum Phryxæi velleris aurum.
Tum varias pestes, raptumque interplicat atro
Tisiphones de crine ducem, & quæ pessima Ceston

Vis probat. hæc circum fpumis Lunaribus ungit

285 Callidus, atque hilari perfundit cuncta veneno.

Non hoc Pafithea blandarum prima forptum,

Non decor, Idaliufque puer, fed Luctus, & Iræ,

Et Dolor, & tota preffit Difcordia dextra,

Prima fides operi, Cadmum comitata jacentem

290 Harmonie verfis in fibila dira querelis,

Illyricos longo fulcavit pectore campos.

Improba mox Semele, vix dona nocentia collo

Induit, & fallax intravit limina Juno,

Teque etiam, infelix, perhibent, Jocafta, decorum

295 Poffediffe nefas. vultus hac laude colebas,

Heu quibus, heu placitura toris ! poft longior ordo,

Tum donis Argia nitet, vilefque fororis.

Ornatus facro præculta fupervenit auro.

Viderat hoc conjux perituri vatis, & aras

300 Ante omnes, epulafque trucem fecreta coquebat

Invidiam, fævis detur fi quando potiri

Cultibus, heu nihil auguriis adjuta propinquis.

Quos optat gemitus ! quantas cupit impia clades !

Digna quidem, fed quid miferi decepta mariti

305 Arma ? quid infontes nati meruere furores ?

Poftquam regales epulas, & gaudia vulgi

Biffeni clufere dies, Ifmenius heros

Refpicere ad Thebas, jamque & fua quærere regna:

Quippe animum fubit illa dies, qua forte benigna

310 Fratris, Echionia fteterat privatus in aula:

                                         Refpiciens

Refpiciens defciffe deos, trepidaque tumultu
Dilapfos comites, nudum latus omne, fugacaque
Fortunæ. namque una foror producere triftes
Exulis aufa vias, etiam hanc in limine primo
315 Liquerat, & magna lachrymas incluferat ira.
Tunc quos excedens hilares, quis cultus iniqui
Præcipuus ducis, & profugo quos ipfe notarat
Ingemuiffe fibi, per noctem, ac luce fub omni
Digerit. exedere animum dolor iraque demens:
320 Et qua non gravior mortalibus addita cura,
Spes, ubi longa venit. talem fub pectore nubem
Confilio volvens, Direen, Cadmique negatas
Apparat ire domos. veluti dux taurus amata
Valle carens, pulfum folito quem gramine victor
325 Juffit ab erepta longe mugire juvenca:
Cum profugo placuere tori, cervixque recepto
Sanguine magna redit, fractæque in pectora vires:
Bella cupit, faltufque, & capta armenta repofcit,
Jam pede, jam cornu melior, pavet ipfe reverfum:
330 Victor, & attoniti vix agnovere magiftri.
Non alias tacita juvenis Theumefius ima
Menta acuit, fed fida vias, arcanaque conjunx
Senferat. utque toris primo complexa jacebat
Auroræ pallore virum; Quæ callida menus, ...
335 Quamve fugam moliris? ait. nil tranfit amantem:
Sentio, pervigiles acuunt fufpiria queftus. ... ...
Nunquam in pace fopor, queftis I

b Fletyus

Fletibus, & magnas latrantia pectora curas
Admovet deprendo manu? nil fœdere rupto,
340 Connubiifve fuper moveor, viduaque juventa.
(Et fi crudus amor, nec dum poft flammea toti
Intepuere tori) tua me, properabo fateri,
Angit amata falus. tune incomitatus, inermis
Regna petes? poterifque tuis decedere Thebis,
345 Si neget? atque illum foles deprendere femper
Fama duces, tumidum narrat, raptoque fuperbum,
Difficilemque tibi: nec dum confumferat annum.
Me quoque nunc vates, nunc exta minantia divos,
Aut avium lapfus, aut turbida noctis imago
350 Territat. ah, memini, nunquam mihi falfa per umbras
Juno venit. quo tendis iter? ni confcius ardor
Ducit, & ad Thebas melior focer. hic breve tandem
Rifit Echionius juvenis, tenerumque dolorem
Conjugis amplexu folatur, & ofcula mœftis
355 Tempeftiva genis pofuit, lachrymafque repreffit;
Solve metus animo, debitur, mihi crede, merentum
Confiliis tranquilla dies. te fortior annis
Nondum cura decet. fciat hæc Saturnius olim
Fata parens, oculofque polo dimittere fi quos
360 Juftitia, & rectum terris defendere curat.
Fors aderit lux illa tibi, qua mœnia cernes
Conjugis, & geminas ibis regina per urbes.
Sic ait, & caro rapuit fe limine profert.
Tydea jam focium ftrictis, jam pectore fido

365 Æquantem curas (tantus poſt jurgia mentes
      Vinxit amor) ſocerumque affatur triſtis Adraſtum.
      Fit mora conſilio: cum multa moventibus, una
      Jam potior cunctis ſedit ſententia, fratris
      Prætentare fidem, tutoſque in regna precando
370 Explorare aditus. audax ea munera Tydeus
      Sponte ſubit. nec non & te, fortiſſime gentis
      Ætolum, multum lachrymis conata morari
      Deiphile, ſed juſſa patris, tutique regreſſus
      Legato, juſtæque preces vicere ſororis.
375 Jamque emenſus iter ſylvis ac littore durum,
      Qua Lernea palus, ambuſtaque ſontibus alte
      Intepet Hydra vadis, & qua vix carmina raro
      Longa ſonat Nemea nondum paſtoribus auſis,
      Qua latus Eoos Ephyres quod vergit ad Euros,
380 Siſypheique ſedent portus : irataque terræ
      Curva Palæmonio ſecluditur unda Lechæo.
      Hinc prætervectus Niſam, & te mitis Eleuſin
      Lævus habet : jamque arva gradu Theumeſia, & arces
      Intrat Agenoreas, ibi durum Etheoclea cernit
385 Sublimem ſolio, ſeptumque horrentibus armis.
      Jura ferus populo trans legem, ac tempora regni
      Jam fratris de parte dabat. ſedet omne paratus
      In facinus, queriturque fidem tam ſero repoſci.
      Conſtitit in mediis : ramus manifeſtat olivæ
390 Legatum, cauſaſque viæ nomenque rogatus
      Edidit : utque rudis ſandi, pronuſque calori

                                   Semper

Semper erat, juftis mifcens tamen afpera, cœpit:
Si tibi plana fides, & dicti cura maneret
Fœderis, ad fratrem completo juftius anno
395 Legatos hinc ire fuit. teque ordine certo
Fortunam exuere, & lætum defcendere regno:
Ut vagus ille diu, paffufque haud digna per urbes
Ignotas, pactæ tandem fuccederet aulæ.
Sed quia dulcis amor regni, blandumque poteftas,
400 Pofceris. aftriferum velox jam circulus orbem
Torfit, & amiffæ redierunt montibus umbræ,
Ex quo frater inops, ignota per oppida triftes
Exul agit cafus, & te jam tempus aperto
Sub Jove ferre dies, terrenaque frigora membris
405 Ducere, & externos fummiffum ambire penates.
Pone modum lætis. fatis auro dives, & oftro
Confpicuus, tenuem germani pauperis annum
Rififti. moneo regnorum gaudia temet
Dedoceas, patienfque fugæ mereare reverti.
410 Dixerat. aft illi tacito fub pectore dudum
Ignea corda fremunt, jacto velut afpera faxo
Cominus erigitur ferpens, cui fubter inanes
Longa fitis latebras, totefque agitata per artus
Convocat in fauces & fquammea colla venenum:
415 Cognita fi dubiæ fratris mihi jurgia fignis
Ante foreat, nec clara odiorum arcana paterent,
Sufficeret vel fola fides, qua torvus, & illum
Mente gerens, ceu fepta novus jam mœnia laxet

Foffor,

Foffor, an hoftibus hi micant claffica tubanas,
420 Præfuris. in medios fi cominus orfa tuliffea
Biftopas, aut refugo pallontes fole Gelonos,
Parcior alloquio, & medii reverentior æqui
Inciperes: Neque te furibundæ crimine mentis
Arguerim, mandàta refers. nunc, omnia quando
425 Plena minis, nec fceptra fide, nec pace fequeftra
Pofcitis, & capulo propior manus: hæc mea regi
Argolico, nondum æqua tuis, vice dicta reporta:
Quæ fors jufta mihi, quæ non indebitus annis
Sceptra dicavit honos, teneo, longumque tenebo.
430 Te penes Inachiæ dotalis regia dono
Conjugis: & Danae (quid enim majoribus actis
Invideam?) cumulentur opes. felicibus Argos
Aufpiciis, Lernamque regas. nos horrida Dirces
Pafcua, & Euboicis arctatas fluctibus oras,
435 Non indignati miferum dixiffe parentem
Oedipoden, tibi larga (Pelops, & Tantalus autor)
Nobilitas, propiorque fluat de fanguine juncto
Jupiter. anne feret luxu confueta paterno
Hunc regina larem? noftræ cui jure forores
440 Anxia penfa trahunt? longo quam fordida luctu
Mater, & ex imis auditus forte tenebris
Offendat focer ille fenex: jam pectora vulgi
Affuevere jugo. pudet heu, plebifque, patrumque,
Ne toties incerta ferant, mutentque gementes
445 Imperia, & dubio pigeat parere tyranno:

Non

Non parcit populis regnum breve, respice quantus
Horror, & attoniti nostra in difcrimine cives.
Hofne ego, quis certa est fub te duce poena, relinquam?
Iratus, germane, venis, fac velle, nec ipfe.
450 (Si modo notus amor, meritique est gratia) Patres
Reddere regna finent. Non ultra paffus, & orfa
Injecit mediis fermonibus obvia: Reddes
Ingeminat, reddes: non fi te ferreus agger
Ambiat, aut triplices alio tibi carmine muros
455 Amphion auditus agat. nil tela, nec ignes
Obftiterint, quin aufa luas, noftrifque fub armis
Captivo moribundus humum diademate pulfes.
Tu merito: Aft horum miferet, quos fanguine viles
Conjugibus, natifque infanda ad praelia raptos
460 Projicis excidio bone rex, ô quanta Cithaeron
Funera, fanguineifque vadis, Ifmene, rotabis!
Haec pietas, haec magna fides: nec crimina gentis
Mira equidem duco, fic primus fanguinis autor,
Inceftique patrum thalami, fed fallit origo:
465 Oedipodes tu folus eris: haec praemia morum
Ac fceleris, violente, feres. nos pofcimus annum.
Sed morox, haec audax etiamnum in limine retro
Vociferans, jam tunc impulfa per agmina praeceps
Evolat. Oeneae vindex fic ille Dianae
470 Erectus fetis, & aduncae fulmine malae,
Cum premeret Pelopea phalanx, faxa obvia volvens,
Fractaque perfoffie arbufta Acheloïa ripie,

Jam

Jam Talaemena solo, jam stratum Ixiona linquens,
Te Meleagre subit. ibi demum cuspide lata
475 Hæfit, & obnixo ferrum laxavit in armo.
Talis adhuc trepidum liquit Calydonius Mopso
Concilium, infrendens ipfi ceu regna negentur:
Feftinatque vias, ramumque precantis olivæ
Abjicit. attonitæ tectorum ex culmine fummo
480 Profpectant matres, fævoque infanda precantur
Oenidæ, tacitoque fimul fub pectore regi.
Nec piger ingenio fcelerum, fraudifque nefandæ
Rector eget. juvenum fidos lectiffima bello
Corpora nunc pretio, nunc ilis hortantibus ardens
485 Sollicitat dictis, nocturnaque prælia fervus
Inftruit, & fanctum populis per fæcula nomen
Legatum infidiis, tacitoque invadere ferro,
(Quid regnis non vile?) cupit: quas quæreret artes
Si fratrem fortuna dares? ô cæca nocentum
490 Confilia! O femper timidum fcelus! exit in unum
Plebs ferro jurata caput. ceu caftra fubire
Apparet, aut celfum crebris arietibus urbis
Inclinare latus. denfi fic agmine facto
Quinquaginta altis funduntur in ordine portis.
495 Macte animi, tantis dignus qui crederis armis.
Fert via per dumos proplor, qua calle latenti
Præcelerant, denfæque legunt compendia fylvæ.
Lecta dolis fedes: gemini procul urbe malignis
Faucibus urgentur colles, quos umbra fuperni

500 Montis,

500 Montis, & incurvis claudunt juga frondea fylvis :
Infidias natura loco, cæcamque latendi
Struxit opem. medias arcte fecat afpera rupes
Semita, quam fubter campi, devexaque latis
Arva jacent fpatiis. contra importuna crepido
505 Oedipodioniæ domus alitis. hic fera quondam
Pallentes erecta genas, fuffufaque tabo
Lumina, concretis infando fanguine plumis
Relliquias amplexa virum, femefaque nudis
Pectoribus ftetit offa premens, vifuque trementi
510 Conluftrat campos, fi quis concurrere dictis
Hofpes inexplicitis, aut cominus ire viator
Audeat, & duræ commercia jungere linguæ.
Nec mora, quin acuens exertos protinus ungues,
Liventefque manus; fractofque in vulnere dentes
515 Terribili applaufu circum hofpita furgeret ora,
Et latuere doli, donec de rupe cruenta
Heu fimili deprenfa viro, ceffantibus alis
Triftis inexpletam fcopulis adfligeret alvum.
Monftrat fylva nefas, horrent vicina juvenci
520 Gramina ; damnatis avidum pecus abftinet herbis,
Non Dryadum placet umbra choris, non commoda facris
Faunorum, diræque etiam fugere volucres
Prodigiale nemus, tacitis huc greffibus acti
Deveniunt peritura cohors. hoftemque fuperbum
515 Adnixi jaculis, & humi pofita arma tenentes
Expectant, denfaque nemus ftatione coronant.

Cœperat

Cœperat humenti Phœbum subtexere palla
Nox, & cœruleam terris infunderat umbram.
Ille propinquabat fylvis, & ab aggere celfo

530 Scuta virûm, galeafque videt rutilare comantes,
Qua laxant rami nemus, adverfaque fub umbra
Flammeus æratis Lunæ tremor errat in armis.
Obftupuit vifis, ibat tamen, horrida tantum
Spicula, & inclufum capulo tenus admovet enfem.

535 Ac prior, unde viri? quidve occultatis in armis?
Non humili terrore rogat. nec reddita contra
Vox, fidamque negant fufpecta filentia pacem.
Ecce autem vafto Chthonii contorta lacerto,
Quo duce freta cohors, fufcas intervolat auras

540 Hafta, fed audenti Deus & Fortuna receffit.
Per tamen Olenii tegimen fuis, atraque fetis
Terga, fuper læves humeros vicina cruori
Effugit. & viduo jugulum ferit irrita ligno.
Tunc horrere comæ, fanguifque in corde gelari.

545 Huc ferus, atque illuc animum, pallentiaque ira
Ora ferens, nec tanta putat fibi bella parari.
Ferte gradum contra, campoque erumpite aperto.
Quis timor audendi? quæ tanta ignavia? folus,
Solus in arma voco. neque in his mora; quos ubi plures,

550 Quam ratus, innumeris videt excurfare latebris,
Hos prodire jugis, illos è vallibus imis
Crefcere, nec paucos campo, totumque fub armis
Conlucere iter (ut claufas indagine profert

In

In medium (vox prima feras) quæ sola medendi

535 Turbata ratione via est. petit ardua diræ

Sphyngos, & abscisis infringens cautibus uncas

Exuperat juga dira manus, scopuloque potitus

Unde procul tergo metus, & via prona nocendi,

Saxum ingens, quod vix plena cervice gementes

560 Vertere humo, murisque valent inferre juvenci,

Rupibus avellit: dein toto sanguine nixus

Sustinet, immanem quærens librare ruinam.

Qualis in adversos Lapithas erexit inanem

Magnanimus cratera Pholus. stupet obvia leto

565 Turba super stantem, atque emissi turbine montis

Obruitur, simul ora virûm, simul arma, manusque,

Fractaque commixto sederunt pectora ferro,

Quattuor hic adeo dejecti mole sub una

Congemuere, fuga tremefactum protinus agmen

570 Excutiter cœptis. neque enim tenenda jacebant

Funera, fulmineus Dorylas, quem regibus ardens

Æquabat virtus, Martisque è semine Theron

Terrigenas confisus avos. nec vertere cuiquam

Fræna secundus Halys, sed tunc pedes occubat arvis,

575 Pentheumque trahens nondum te Phædimus æquo,

Bacche, genus: quorum ut subitis exterrita fatis

Agmina, turbatam vidit laxare catervam:

Quæ duo sola manu gestans acclinia monti

Fixerat, intorquet jacula, & fugientibus addit.

580 Mox in plana libens, nudo ne pectore tela

Quem procul oppresso vidit Thatona nolueram ......

Corripuit ...... & vertice tegmine noto ......

Septus, & hostili propugnans pectora parma ......

585 Constitit, inde iterum densi glomerantur in unum

Ogygidæ, firmantque gradum. trahit ocius ensem

Bistonium Tydeus. Mavortia murmura magni

Oeneos : & partes pariter divisus in omnes

Hos obit, atque illos, ferroque micantia tela

590 Decutit. impediunt numero, seque ipsa viciffim

Arma premunt. nec vis conatibus ulla, sed ipse

In socios errare manus, & corpora turba

Involvi prolapsa sua. manet ille cruentis

Angustus telis, & inexpugnabilis obstat.

595 Non aliter (Geticæ si fas est credere Phlegræ)

Armatum immensus Briareus stetit æthera contra,

Hinc Phœbi pharetras, hinc torvæ Palladis angues,

Inde Pelethroniam præfixa cuspide pinum

Martis, at hinc lasso mutata Pyracmone tempens

600 Fulmina, cum tota nequicquam obsessus Olympo

Tot queritur cessare manus : non segnius ardet

Huc illuc clypeum objectans, seque ipse recedens

Ciruit, interdum trepidis occurrit, & instat

Spicula divellens, clypeo quæ plurima toto

605 Fixa tremunt, armantque virum, sæpe aspera passum

Vulnere, sed nullum vitæ in secreta receptum,

Nec mortem sperare valet. rotat ipse furentem

Dpilo-

Deilochumque, comitemque illi jubet ire sub umbras
Phegea, sublata minitantem bella securi.
610 Dirceumque Gyan, Echionium Lycophronta.
Jam trepidi se quaerunt, numerantque, nec idem
Caedis amor, tantumque dolent rarescere turbam.
Ecce Chromis Tyrii demissus origine Cadmi,
(Hunc utero quondam Dryope Phoenissa gravatu
615 Rapta repente choris, onerisque oblita ferebat :
Dumque trahit pronis taurum tibi cornibus Evan
Procidit impulsu nimiis conatibus infans)
Tunc audax jaculis, & capti pelle leonis
Pinea nodosa quassabat robora clava,
620 Increpitans : Unusne viri tot caedibus unus
Ibit ovans Argos ? vix credet fama reverso.
Heu socii, nullaene manus ? nulla arma valebunt ?
Haec regi promissa Cydon, haec Lampe dabamus ?
Dum clamat, subit ore cavo Theumesia cornus,
625 Nec prohibent fauces. atque illi voce repleta
Intercepta natat prorupto in sanguine lingua.
Stabar adhuc, donec transmissa morte per artus
Labitur, immorsaque cadens obmutuit hasta.
Vos quoque Thespiadae, cur inficiatus honora
630 Arcuerim fama ? fratris moribunda levabat
Membra solo Periphas (nil indole clarius illa,
Nec pietate fuit) laeva marcentia colla
Sustentans, dextraque latus. singultibus artum
Exhaurit thoraca dolor. nec vincla coercent

F f 2 Undan-

635 Undanten... ....
Pone grat..
Exit & in f....... cognataque ....
565 Imbr..
Sistit, & aspecta germani mortis........................

640 At cui vita...... & adhuc ....
Hos tibi complexus, hæc ....
O tumida ....
Procul.... parce satis (miserabile Potum.............)
670 Jam (.............) clauserunt lumina dextra,
Protinus idem...... jaculo, parmaque Menœtem.......

645 Proterrebat agens, trepidis vestigia retro ....
Passibus urgentem, donec defecit iniqua ...
Lapsus humo, pariterque manus distractus in ambas
Orat, & à jugulo nitentem sustinet hastam. ....
Parce per has stellis interlabentibus umbras, ...

650 Per Superos, noctemque tuam... sine, tristia Thebis
Nuntius acta feram, vulgique... paventis ....
Contempto te rege canam. Se irrita nobis ....
Tela cadant, nullique tuum penetrabile ferro ....
Pectus, & optanti victor revocaris amico. ....

655 Dixerat. ille nihil vultum mutatus, inanes ....
Perdis, ait, lachrymas, & tu (ni fallor) iniquo ....
Pollicitus mea colla duci, nunc arma, diemque......
Projice, quid sequeris timida compendia vitæ?.....
Bella manent, simul hæc, & crasso sanguine totum...

660 Jam redit, ille super dictis intensus amaris ......
Prosequitur victos: non hæc Tristærica robis.......

Nox patrio de monte ruit, non Ægis, Gradive,
Cernitis, aut avidæ Bacchum scelerata parentes,
Nebridæ, & fragiles thyrsos portare putatis.

665 Imbellem ad sonitum, manibusque incognita vestis
Fœda Celenæa committere prælia buxo?
Hic aliæ cædes, alius furor: ite sub umbras
O timidi, paucique: hæc intonat, aft staten illi
Membra negant, lessusque ferit præcordia sanguis.

670 Jam sublata manus, cassis defertur in ictus,
Tardatique gradus, clypeum nec sustinet umbo
Mutatum spoliis, gelidus cadit imber anhelo
Pectore, tum crines, ardentiaque ora cruenti
Roribus, & tetra morientum aspergine manat.

675 Ut leo, qui campis longe custode fugato
Massylas depastus oves, ubi sanguine multo
Luxuriata fames, cervixque, & tabe gravatæ
Confedere jubæ, media in cædibus astat
Æger hians, victusque cibis; neo jam amplius iræ

680 Crudescunt, tantum vacuis ferit aëra malis,
Molliaque ejecta delambit vellera lingua,
Ille etiam Thebas spoliis, & sanguine plenus
Isset, & attonitis fidej populoque, ducique
Ostentasset ovans, ubi tu Tritonia virgo

685 Flagrantem, multaque operis caligine plenum
Consilio dignata virum. Sate gente superba
Oeneos, absentes cui dudum vincere Thebas
Annuimus, jam pone modum, nimiumque secundis

Parce deis. huic una fides, optanda labori :

690 Fortuna fatis ufus abi. Reftabat acerbis
Funeribus, focioque gregi non fponte fuperftes
Hemonides (ille hæc præviderat, amina doctu
Aëris, & nulla deceptus ab alite) Mæon,
Nec veritus prohibere ducem. fed fata monentem

695 Privavere fide. vita miferandus inerti,
Damnatur, trepido Tydeus immitia mandat :
Quifquis es Aonidum, quem craftina munera noftra
Manibus exemptum mediis aurora videbit,
Hæc jubeo perferre duci : cinge aggere portas :

700 Tela nova : fragiles ævo circunfpice muros :
Præcipue ftipare viros, denfafque memento
Multiplicare acies, fumantem hunc afpice late
Enfe meo campum. tales in bella venimus.
Hæc ait, & meritæ pulchrum tibi Pallas honorem

705 Sanguinea de ftrage parat, prædamque jacentem
Comportat gaudens. ingentiaque acta recenfet.
Quercus erat teneræ jam longum oblita juventæ,
Aggere camporum medio, quam plurimus ambit
Frondibus incurvis, & crudo robore cortex :

710 Huic leves galeas, perfoffaque vulnere crebro
Inferit arma ferens, huic truncos ictibus enfes,
Subligat, & fractas membris fpirantibus haftas.
Corpora tunc atque arma fimul cumulata fuperftans
Incipit. oranti nox, & juga longa refultant,

715 Diva ferox, magni decus, ingeniumque parentis

Bellipotens

Bellipotens, cui torva genis horrore decoro

Caffis, & afperfo crudefcit fanguine Gorgon,

Nec magis ardentes Mavors, haftataque pugnæ

Impulerit Bellona tubas, huic annue facro.

720 Seu Pandionio noftras invifere cædes

Monte venis, five Aonia devertis Ithone

Læta choris, feu tu Lybico Tritone repexas

Lota comas, qua te bijugo temone frementem

Intemeratarum volucer rapit axis equarum:

725 Nunc tibi fracta virum fpolia, informefque dicamus

Exuvias. at fi patriis Parthaonis arvis

Inferar, & reduci pateat mihi Martia Pleuron;

Aurea tunc mediis urbis tibi templa dicabo

Collibus, Ionias qua defpectare procellas

730 Dulce fit, & flavo tollens ubi vertice pontum

Turbidus objectas Achelóus Echinadas exit.

Hic ego majorum pugnas, vultufque tremendos

Magnanimium effingam regum, figamque fuperbis

Arma tholis: quæque ipfe meo quæfita revexi

735 Sanguine, quæque dabis capta Tritonia Thebis.

Centum ibi virgineis votæ Calydonides aris

Actæas tibi rite facru, & ab arbore cafta

Nectent purpureas niveo difcrimine vittas.

Pervigilemque focis ignem longæva facerdos

740 Nutriet, arcanum nunquam infpectura pudorem.

Tu bellis, tu pace feres de more frequentes

Primi-

Primitias operum, non indignante Diana.
Dixerat; & dulces iter inftaurabat ad Argos.

P. PAPINII STATII

THEBAIDOS

LIBER TERTIUS.

A T non Aoniæ moderator perfidus aulæ,
Nocte fub ancipiti quamvis humantibus aftris,
Longus ad Auroram fuperet labor, otia fomni
Accipit. invigilant animo; fcelerifque parati
5 Supplicium exercent curæ. tunc plurima verfat
Peffimus in dubiis augur timor. hei mihi! clamat,
Unde moræ? (nam prona ratus, facilemque tot armis
Tydea, nec numero virtutem, animumque rependit)
Num regio diverfa viæ? num miffus ab Argis
10 Subfidio globus? an fceleris data fama per urbes
Finitimas; paucofne pater Gradive, manuve
Legimus indecores? at enim fortiffimus illic
Et Chromis, & Dorylas, & noftris turribus æquâ
Thefpiadæ totos raperent mihi funditus Argos.

15 Nec tamen ille meis rear impenetrabilis armis,
 Ære tegeon, solidoque dates adamante lacertos,
 Venerat. heu segnes, quorum labor hæret in uno,
 Si conserta manus. vario sic turbidus æstu
 Angitur, ac sese culpat super omnia, qui non
20 Orantem in mediis legatum cœtibus ense
 Perculerit, fœdasque palam satiaverit iras.

 Iam pudet incœpti, jam pœnitet. ac velut ille
 Fluctibus Ioniis Calabræ datus arbiter alno,
 Nec rudis undarum, portus sed linquere amicos
25 Purior Olenii frustra gradus impulit astri :
 Cum fragor hiberni subitus Jovis, omnia mundi
 Claustra tonant, multusque polos inclinat Orion :
 Ipse quidem mallet terras, pugnatque reverti
 Fert ingens à puppe Notus: tunc arte relicta
30 Ingemit, & cæcas sequitur jam nescius undas :
 Talis Agenoreus ductor, cœloque morantem
 Luciferum, & seros mœrentibus increpat ortus.
 Ecce sub occiduas versæ jam noctis habenas,
 Astrorumque obitus, ubi primum maxima Tethys
35 Impulit Eoo cunctantem Hyperiona ponto,
 Ima flagellatis sistunt lugubre malorum,
 Ponderibus trepidavit humus, motusque Cithæron
 Antiquas dedit ire nives, tunc visa levari
 Culmina, septenusque jugo concurrere portæ,
40 Et prope sunt causæ : gelido remeabat Eoo
 Iratus satis, & tristi morte negata
 Tydeus

Hemonides, nec dum ora patent, dubiufque notari
Signa dabat magnæ longe manifefta ruinæ,
Planctuque, & gemitu. lachrymas nam protinus omnes
.45 Fuderat. haud aliter faltu devertitur orbus
Paftor, ab agreftum nocturna ftrage luporum,
Cujus herile pecus fylvis inopinus abegit
Imber, & hybernæ ventofa cacumina lunæ.
Luce patent cædes : domino perferre recentes
50 Ipfe timet cafus, hauftaque informis arena
Queftibus implet agros, ftabulique filentia magni
Odit, & amiffos longo ciet ordine tauros.
Illum congeftæ portarum ad limina matres
Ut folum videre (nefas l) nulla agmina circum,
55 Magnanimofque duces nihil aufæ quærere, tollunt
Clamorem, bello qualis fupremus apertis
Urbibus, aut pelago jam defcendente carina.
Ut primum invifi cupido data copia regis :
Hanc tibi de tanto donat ferus agmine Tydeus
60 Infelicem animam, five hæc fententia divum,
Seu fortuna fuit : feu, quod pudet ire fateri,
Vis invicta viri. vix credo & nuntius, omnes,
Procubuere omnes. noctis vaga lumina teftor
Et fociûm manes, & te mala protinus ales
65 Qua redeo : non hanc lachrymis meruiffe, nec aftu
Crudelem veniam, atque inhonoræ munera lucis.
Sed mihi juffa deum, placitoque ignara moveri
Atropos, atque olim non hæc data janua leti

Eripuere

Eripuere necem. jamque ut mihi prodiga vitæ
70 Pectora, & extremam nihil horrefcentia mortem
Afpicias ; bellum infandum ominibufque negatam
Movifti, funefte, aciem, dum pellere leges,
Et confanguineo glifcis regnare fuperbus
Exule, te feries orbarum excifa domorum
75 Planctibus affiduis, te diro horrore volantes.
Quinquaginta animæ, circum noctefque, diefque,
Adfilient, neque enim ipfe moror. jam moverat iras
Rex ferus, & triftes ignefcunt fanguine vultus.
Inde ultro Phlegyas, & non cunctator iniqui
80 Labdacus (hos regni ferrum penes) ire, manuque
Proturbare parant. fed jam nudaverat enfem
Magnanimus vates. & nunc trucis ora tyranni,
Nunc ferrum afpectans, nunquam tibi fanguinis hujus
Jus erit, aut magno feries imperdita Tydeo
85 Pectora. vado equidem exultans, ereptaque fata
Infequor, & comites feror expectatus ad umbras.
Te Superis, fratrique. & jam media orfa loquentis
Abftulerat plenum capulo latus. ille dolori
Pugnat, & ingentem nixu duplicatus in ictum
90 Corruit, extremifque animæ fingultibus errans
Alternus nunc ore venit, nunc vulnere fanguis.
Excuffæ procerum mentes, turbataque muffant
Concilia. aft illum conjux, fidique parentes
Servantem vultus, & torvum in morte peracta,
95 Non longum reducem lætati, in tecta ferebant.

Sed

Sed ducis infandi rabidæ non hactenus iræ
Stare queunt. vetat igne rapi, pacemque sepulchri
Impius, ignaris nequicquam manibus arcet.
Tu tamen egregius fati, mentisque, nec unquam
100 Indignum passure situm, qui cominus ausus
Vadere contemptum regis. quaque ampla veniret
Libertas sancire viam. quo carmine dignam,
Quo satis ore tuis famam virtutibus addam,
Augur amate deis ? non te cœlestia frustra
105 Edocuit, lauroque sua dignatus Apollo est,
Et nemorum Dodona parens, Cyrrhæaque virgo
Audebit tacito populos suspendere Phœbo.
Nunc quoque Tartareo multum divisus Averno
Elysias, i, carpe plagas : ubi manibus axis
110 Invius Ogygiis, nec fontis iniqua Tyranni
Jussa valent. durant habitus, & membra cruentis
Inviolata feris, nudoque sub axe jacentem
Et nemus, & tristis volucrum reverentia servat.
At nuptæ exanimes, puerique, ægrique parentes
115 Mœnibus effusi per plana, per invia, passim
Quisque suas avidi ad lachrymas miserabile currunt
Certamen : quos densa gradu comitantur euntes
Millia solandi studio ; pars visere flagrant
Unius acta viri, & tantos in nocte labores.
120 Fervet iter gemitu, & plangoribus arva reclamant.
Ut vero infames scopulos, sylvamque nefandam
Perventum, ceu nulla prius lamenta, nec atri

Manassent

Manaffent imbres, fic ore miferrimus uno
Exoritur fragor, afpectuque accenfa cruento
125 Turba furit. ftat fanguineo difciffus amictu
Luctus atrox, cæfoque invitat pectore matres.
Scrutantur galeas frigentum, inventaque monftrant
Corpora, prociduæ fuper externofque, fuofque,
Hæ preffant in tabe comas, hæ lumina fignant,
130 Vulneraque alta replent lachrymis. pars fpicula dextra
Nequicquam parcente trahunt, pars molliter aptant
Brachia trunca loco, & cervicibus ora reponunt.
At vaga per dumos, vacuique in pulvere campi
Magna parens juvenum, gemini tunc funeris, Ide
135 Squallentem fublata comam, liventiaque ora
Ungue premens, nec jam infelix miferandaque, verum
Terror ineft lachrymis, per & arma & corpora paffim
Caniciem impexam dira tellure volutans,
Quærit inops natos, omnique in corpore plangit.
140 Theffalis haud aliter bello gavifa recenti,
Cui gentile nefas hominem revocare canendo,
Multifida attollens antiqua lumina cedro
Nocte fubit campos, verfatque in fanguine functum
Vulgus, & explorat manes, cui plurima bufto
145 Imperet ad Superos. animarum mœfta queruntur
Concilia, & nigri pater indignatur Averni.
Illi in feceffu pariter fub rupe jacebant
Felices, quos una dies, manus abftulit una
Pervia vulneribus media trabe pectora nexi,
150 Ut

150 Ut vidit, lachrymisque oculi patuere profusis :
Hosne ego complexus, genitrix ? hæc oscula, nati,
Vestra tuor ? sic vos extremo in fine ligavit
Ingenium crudele necis ? quæ vulnera tractem,
Quæ prius ora premam ? vosne illa potentia matris?

155 Vos uteri fortuna mei : qua tangere divos
Rebar, & Ogygias titulis anteire parentes.
At quanto melius, dextraque in sorte jugatæ,
Quîs steriles thalami, nulloque ululata dolore
Respexit Lucina domum. mihi quippe malorum

160 Causa labor. sed nec bellorum in luce patenti
Conspicui factis, æternaque gentibus ausi,
Quæsistis miseræ vulnus memorabile matri :
Sed mortem obscuram, numerandaque funera passi.
Heu quantus furto cruor, & sine laude jacetis ?

165 Quin ego, non dextras miseris complexibus ausim
Dividere, & tanti consortia rumpere leti :
Ite diu fratres, indiscretique supremis
Ignibus, & caros urna confundite manes.
Nec minus interea digesta strage suorum

170 Hinc Chthonium conjux, hinc mater Penthea clamat
Astyoche, puerique rudes tua, Phædime, proles
Amissum didicere patrem, Marpissaque pactum
Phyllea : sanguineumque lavant Acamanta sorores.
Tunc ferro retegunt sylvas, collisque propinqui

175 Annosum truncant apicem, qui conscius actis
Noctis, & inspexit gemitus, ibi grandior ævo

Ante

Ante rogos, dum quifque fuo nequit igne revelli,
Concilium infauftum dictis mulcebat Alethes :
Sæpe quidem infelix, varioque exercita ludo
180 Fatorum gens noftra ruit, Sidonius ex quo
Hofpes in Aonios jecit fata ferrea fulcos.
Unde novi fœtus, & formidata colonis
Arva fuis. fed nec veteris cum regia Cadmi
Fulmineum in cinerem monitis Junonis iniquæ
185 Confedit, neque funerea cum laude potitus
Infelix Athamas trepido de monte veniret
Semianimem heu læto referens clamore Learchum ;
Hic gemitus Thebis. nec tempore clarius illo
Phœniffæ fonuere domus, cum laffa furorem
190 Vicit, & ad comitum lachrymas expavit Agave.
Una dies fimilis fato fpecieque malorum
Æqua fuit, qua magniloquos luit impia flatus
Tantalis, innumeris cum circumfufa ruinis
Corpora tot raperet terra, tot quæreret ignes.
195 Talis erat vulgi ftatus, & fic urbe relicta,
Primævique fenes, & longo examine matres
Invidiam planxere deis, miferoque tumultu
Bina per ingentes ftipabant funera portas.
Meque ipfum, memini (nec dum apta doloribus ætas)
200 Fleffe tamen, gemituque meos æquaffe parentes.
Illa tamen Superi. nec quod tibi Delia caftos
Prolapfum ad fontes, fpecula temerante profana,
Heu dominum infani non agnovere Moloffi,

Deferim

Deflerim magis, aut verso quod fanguine...

205 In jubilos regina facus. Hæc illa fororum

Penfa dabant, vitamque Jovi. nunc regis iniqui

Ob noxam immeritos patria tot culmine cives

Exulibus, nec adhuc calcata fœdera Argos

Fama fubit, & jam bellorum extrema dolemus.

210 Quantus equis, quantufque viris in pulvere crafto

Sudor ! io quanti crudelo rubebitis amnes

Viderit hæc bello virilis manus; aft ego dotter

Dum licet igne meo, terraque infternar avitæ.

Hæc fenior : multumque nefas Eteoclis acerbat,

215 Crudelem infandumque vocans, pœnafque daturum.

Unde ea libertas ? juxta illi finis & ætas

Tota retro, feræque velit decus addere morti :

Hæc fator aftrorum jamdudum è vertice mundi

Profpectans, primoque imbutas fanguine gentes,

220 Gradivum acciri propere jubet. ille furentes

Biftonas, & Geticas populatus cædibus urbes,

Turbidus ætherias currus urgebat ad arces.

Fulmine criftatum galeæ jubar, armaque in auro

Triftia, terrificis monftrorum animata figuris

225 Incutiens : tonat axe polus, clypeïque cruenta

Lux rubet, & folem longe ferit æmulus orbis.

Hunc ubi Sarmaticos etiamnum eflare labores

Juppiter, & tota perfufum pectora belli

Tempeftate videt : Talis mihi, nate, per Argos

230 Talis abi, fic enfe madens, ac nubilus ira.

Extur-

Exturbent refides frenos ; & cuncta peroft
Te cupiant, tibi præcipites animæfque, manufque
Devoveant : rape cunctantes, & fœdera turba
Quæ dedimus. tibi fas ipfos incendere bello
235 Cœlicolas, pacemque meam. jam femina pugnæ
Ipfe dedi, remeat portans immania Tydeus
Aufa ducis, fcelus & turpis primordia belli,
Infidias fraudefque, fuis quas ultus in armis.
Adde fidem. vos ô Superi, meus ordine fanguis,
240 Ne pugnate odiis, neu me tentare precando
Certetis. fic fata mihi, nigræque fororum
Juravere colus. manet hæc ab origine mundi
Fixa dies bello, populique in prælia nati.
Quid ni me veterum pœnas fancire malorum
245 Gentibus, & diros finitis punire nepotes,
Arcem hanc æternam, mentis facraria noftræ,
Teftor, & Elyfios etiam mihi numina fontes,
Ipfe manu Thebas, correptaque mœnia fundo
Excutiam, verfafque folo fuper Inacha tecta
250 Effundam turres, ac ftagna in cœrula vertam
Imbre fuperjecto : licet ipfa in turbine rerum
Juno fuos colles, templumque amplexa laboret.
Dixit. & attoniti juffis (mortalia credas
Pectora) fic cuncti vocemque, animofque tenebant.
255 Non fecus ac longa ventorum pace folutum
Æquor, & imbelli recubant ubi littora fomno,
Sylvarumque comas, & abacto flumine nubes.

Mulcet inerrantes... ... uno stagna, lacusque sopori

Detinet... ... tacent exhausti fontibus amnes.

260 Gaudet ovans jussis, & adhuc tempore calenti

Fervidus, in lævum torquet Gradivus habenas.

Jamque iter extremum, cœlique abrupta tenebat,

Cum Venus ante ipsos, nulla formidine gressum

Figit equos. cessare retro, jam jamque rigentes

265 Suppliciter posuere jubas. tunc pectora summo

Acclinata jugo, vultumque obliqua madentem,

Incipit. (interea dominæ vestigia juxta

Spumantes proni mandunt adamanta jugales)

Bella etiam in Thebas, socer ô pulcherrime, bella

270 Ipse paras, ferroque tuos abolere nepotes?

Nec genus Harmiones, nec te connubia cœlo

Festa, nec hæ quicquam lachrymæ furibunde morantur?

Criminis hæc merces? hoc fama, pudorque relictus?

Hoc mihi Lemniadæ de te meruere catenæ?

275 Perge libens. at non eadem Vulcania nobis

Obsequia, & læsi servit tamen ira mariti.

Illum ego perpetuis mihi desudare caminis

Si jubeam, vigilesque operi transmittere noctes,

Gaudeat, ornatusque novos, ipsique laboret

280 Arma tibi. tu s. sed scopulos, & ahena precando

Flectere corda paro. solum hoc tamen anxia, solum

Obtestor, quid me Tyrio sociare marito

Progeniem canam, infaustisque dabas Hymenæis?

Dum fore præclaros armis, & vivida rebus

285 Pectora

285 Pectora viperio Tyriae de sanguine justam. ' '
    Demissumque Jovis serie genus. ah mea quanto
    Sithonia mallem nupsisset virgo sub Arcto
    Trans Boream, Thracasque tuos. indigna paterno
    Pertulimus? divie Veneris quod filia longum

290 Reptat, & Illyricas ejectat virus in herbas?
    Nunc gentem immeritam. lachrymae non pertulit ultra
    Bellipotens. hastam leva transmisit & alto
    (Haud mora) desiliit curru: clypeoque receptam
    Laedit in amplexu, dictisque ita mulcet amicis:

295 O mihi, bellorum requies, & sacra voluptas,
    Unaque pax animo; soli cui tanta potestas
    Divorumque hominumque meis occurrere telis
    Impune, & media quamvis in caede frementes,
    Hos assistere equos, hunc ensem avellere dextra.

300 Nec mihi Sidonii genitalia foedera Cadmi,
    Nec tua cara fides (ne falsa incessere gaude)
    Exciderant. prius in patrui deus infera mergar
    Stagna, & pallentes agar exarmatus ad umbras.
    Sed nunc Fatorum monitus, mentemque supremi

305 Jussus obire patris, (neque enim Vulcania tali
    Imperio manus apta legi) quo pectore contra
    Ire Jovem? dictasque parem contemnere leges?
    Cui modo, pro vires! terras, coelumque, fretumque,
    Attremere oranti, tantosque ex ordine vidi

310 Delituisse deos. sed ne mihi corde supremos
    Concipe, cara, metus. quando haec mutare potestas

Nulla datur. cum jam Tyriae ....

Bellabunt gentes, aderit, ... 340

Tunc me sanguineo late deferere ....

315 Res super Argolicas haud sic dejecta videbis : ....

Hoc mihi jus, nec Fata vetant : sic ....

Flagrantes immisit equos, non ....

In terras cadit ira Jovis, si quando nivalem ......

Othryn, & Arctoæ gelidum caput inficit Ossæ, ...

320 Armavitque in nube manum: vadit igneus ....

Sæva dei mandata ferens, cœlumque trifulca ....

Territat omne coma, jamdudum aut ditibus agris ..

Signa dare, aut ponto miseros involvere nautas. ..

Jamque remensus iter fesso Danaëia Tydeus

325 Arva gradu, viridisque legit devexa Prosymna : .

Terribilis visu, stant falci pulvere crines. ....

Squallidus ex humeris cadit alta in vulnera sudor. .

Insomnesque oculos rubor excitat, oraque retro ....

Sorbet subela sitis. mens altum spirat honorem ....

330 Conscia factorum. sic æta in pascua taurus ......

Bellator redit, adverso cui colla, saoque ....

Sanguine, perfidisque natant palestribus armi .....

Tunc quoque lassa tumet vietas, multumque superat ...

Pectore despecto, vacua jacet hostis arena. ....

335 Turno gemens, crudoeque vetat sentire dolores. ...

Talis erat, medias etiam non desinit urbes ....

Quicquid & Asopon, veteresque interjacet Argos ...

Inflammare odiis, multumque & ubique ....

Legatum. ſeſe Oaíarde gente petendignus

340 Iſſe ſuper regnia profugi Polynicis, at ſeder

Vim, noctem, ſolus, armi, dolos, ſer reddera paſſum

Regis Echionii, ſacra fas jura negaſſ.

Prona ſiſas populis. Deus omnia credere ſuadet

Armipotens, graniuuque acceptos fama pavores:

345 Utque introgreſſus portas (& forte verendos

Concilia pater ipſe duces cogebat Adraſtus)

Improviſus adeſt, jam illinc à poſtibus aulæ

Vociferans, arma, arma viri, tuque opifnare Lernæ

Ductor, magnanimûm ſi quis tibi ſanguis avorum,

350 Arma para, nuſquam pietas, non gentibus æquum

Fas, aut cura Jovis. melius legatus adiſſem

Sauromatas avidos, ſervatoremque cruentum

Bebrycii nemoris: nec juſſa incuſo, pigetve

Officii. juvat iſſe, juvat, Thebaſque noxatos

355 Exploraſſe mapar. bello me, credite, bellop

Ceu turrim validam, aut arctam compagibus urbem

Delecti inſidiis inſtructique omnibus armis

Nocte, doloque viri, nudam, ignaramque locorum

Nequicquam clauſere. jacent in ſanguine mixti

360 Ante urbem vacuam. nunc ô, nunc tempus in hoſtes,

Dum trepidi, exanguiſque metu, dum funera portant,

Dum capulo nondûm manus excidit. ipſe ego feſſus

Quinquaginta illis heroum immanibus umbris,

Vulneraque ipſa ferens putri inſiccata cruore

365 Proſtaua he peto. Trepidi de ſedibus aſtant

Inachidæ. cunctifque prior Cadmeius heros
Accurrit vultum dejectus, &, En ego divis
Invifus, vitæque nocens, hæc vulnera cerno
Integer? hofne mihi reditus, germane, parabas?
370 In me hæc tela dabas? prô vitæ fœda cupido!
Infelix, facinus fratri tam grande negavi.
Et nunc veftra quidem maneant in pace ferena
Mœnia, nec vobis tanti fim caufa tumultus
Hofpes adhuc. fcio, nec me adeo res dextra levavit
375 Quam durum natis, thalamo quam trifte revelli,
Quam patria. non me ullius domus anxia culpet,
Refpectentque truces obliquo lumine matres.
Ibo libens certufque mori. licet optima conjux,
Auditufque iterum revocet focer, huac ego Thebis,
380 Hunc germane tibi jugulum, & tibi maxime Tydeu,
Debeo. fic variis prætentat pectora dictis,
Obliquatque preces. commotæ queftibus iræ
Et mixtus lachrymis caluit dolor. omnibus ultro
Non juvenum modo, fed gelidis & inertibus ævo
385 Pectoribus mens una fubit. viduare penates,
Finitimas adhibere manus. jamque ire: Sed altus
Confiliis pater, imperiique haud flectere molem
Infcius: Ifta quidem Superis, curæque medenda
Linquite quæfo meæ (nec te germanus inulto
390 Sceptra geret) neque vos avidi promittere bellum.
At nunc egregium tantoque in fanguine ovantem
Excipite Oeniden, animofque & pectora laxet

Sera

Sera quies, nobis dolor haud rationis egebit.
Turbati extemplo comites, & pallida conjux,
395 Tydea circum omnes feſſum bellique, viæque
Stipantur. lætus mediis in ſedibus aulæ
Conſtitit, ingentique exceptus terga columna,
Vulnera dum lymphis Epidaurius eluit Idmon,
Nunc velox ferro, nunc ille potentibus herbis
400 Mitior. ipſe alta ſeductus mente renarrat
Principia irarum, quæque orſus uterque viciſſim,
Quis locus inſidiis, tacito quæ tempora bello,
Qui contra, quantique duces, ubi maximus illi
Sudor, & indicio ſervatum Mæona triſti,
405 Exponit. cui fida manus procereſque, ſocerque
Aſtupet oranti, Tyriuſque incenditur exul.
Solverat Heſperii devexo margine ponti
Flagrantes ſol pronus equos, rutilamque lavabat
Oceani ſub fonte comam, cui turba profundi
410 Nereos, & rapidis accurrunt paſſibus Horæ :
Frenaque, & auratæ textum ſublime coronæ
Deripiunt. laxant roſeis humentia loris
Pectora. pars meritos vertunt ad molle jugales
Gramen, & erecto currum temone ſupinant.
415 Nox ſubiit, curaſque hominum, motuſque ferarum
Compoſuit, nigroque polos involvit amictu,
Illa quidem cunctis, ſed non tibi mitis, Adraſte,
Labdacioque duci. nam Tydea largus habebat,
Perfuſum magna virtutis imagine ſomnus.

420 Et

420 Et jam noctivagas inter deus armiger umbras
    Defuper Arcadiæ fines, Nemexaque rura,
    Tænariumque cacumen, Apollineafque Therapnas
    Armorum tonitru ferit, & trepidantia corda
    Implet amore fui. comunt Furor Iraque criftas,

425 Frena miniftrat equis Pavor armiger. at vigil omni
    Fama fono varios rerum fuccincta tumultus
    Ante volat currum, flatuque impulfa gementum
    Alipedum, trepidas denfo cum murmure plumas,
    Excutit. urget enim ftimulis auriga cruentis

430 Facta, infecta loqui, curruque infeftus ab alto
    Terga, comafque deæ Scythica pater increpat hafta.
    Qualis ubi Æolio dimiffos carcere ventos
    Dux præ fe Neptunus agit, magnoque volantes
    Injicit Ægæo, triftis comitatus eunti

435 Circum lora fremunt, nimbique hyemefque profundæ,
    Nubilaque & vulfo terrarum fordida fundo
    Tempeftas dubiæ motis radicibus obftant
    Cyclades. ipfa tua Mycono, Gyaroque revelli,
    Dele, times, magnique fidem teftaris alumni.

440 Septima jam nitidum terris Aurora deifque
    Purpureo vehit ore diem : Perfeïus heros
    Cum primum arcana fenior fefe extulit aula,
    Multa fuper bello, generifque tumentibus amens
    Incertufque animi, daret armis jura, ferofque

445 Gentibus incuteret ftimulos, an frena teneret
    Irarum, & motos capulis aftringeret enfes.

Hac

Hinc pacis tranquilla movent, atque inde pudori
Foeda quies, flectique nova dulcedine pugnæ
Difficiles populi. dubio sententia tandem
450 Sera placet, vatum mentes, ac provida veri
Sacra movere deum. solers tibi cura futuri,
Amphiaraë, datur, juxtaque Amythaone cretus
Jam senior, sed mente virens Phœboque Melampus
Associat passus : dubium cui dexter Apollo,
455 Oraque Cyrrhæa satiarit Largius unda.
Principio fibris pecudumque in sanguine divos
Explorant. jam tum pavidis maculosa bidentum
Corda negant, diraque nefas minitantia vena,
Ire tamen, vacuoque sedet petere omina cœlo.
460 Mons erat audaci seductus in æthera dorso,
(Nomine Lernæi memorant Aphesanta coloni)
Gentibus Argolicis olim sacer : inde ferebant
Nubila, suspenso celerem temerasse volatu
Persea, cum raptos pueri perterrita mater
465 Prospexit de rupe gradus, ac pæne secuta est.
Huc gemini vates sanctam canentis olivæ
Fronde comam, & niveis ornati tempora vittis
Evadunt pariter. madidos ubi lucidus agros
Ortus & algentes laxavit sole pruinas.
470 Ac prior Oeclides solita prece numen amicat.
Juppiter omnipotens, nam te pernicibus alis
Addere consilium, volucresque implere futuri,
Ominaque, & causas cælo deferre latentes

Accipimus : non Cyrrha deum promiserit antro
475 Certius, aut frondes lucis quas fama Molossis
Chaonias sonuisse tibi. licet aridus Hammon
Invideat, Lyciaeque parent contendere sortes,
Niliacumque pecus, patrioque aequalis honori
Branchus, & undosae qui rusticus accola Pisae
480 Pana Lycaonia nocturnum exaudit in umbra.
Ditior ille animi, cui tu, Dictaee, secundas
Impuleris manifestus aves. mirum unde, sed olim
Hic honor alitibus. superae seu conditor aulae
Sic dedit, effusum Chaos in nova semina texens :
485 Seu quia mutatae, nostraque ab origine versis
Corporibus sublere Notos : seu purior axis,
Amotumque nefas, & rarum insistere terris
Vera docent, tibi summa satov terraeque deamque
Scire licet. nos Argolicae primordia pugnae,
490 Venturumque sinas caelo praenosse laborem.
Si datur, & duris sedet haec sententia Parcis
Solvere Echionias Lernaea cuspide portas,
Signa feras, laevusque tones. tunc omnis in astris
Consonet arcana volucris bona murmura lingua.
495 Si prohibes, hic necte moras : dextrisque profundam
Alitibus praetexe diem. sic fatus, & alte
Membra locat scopulo. tunc plura, ignotaque jungit
Numina, & immensi fruitur caligine mundi.
Postquam rite diu partiti sidera, cunctas
500 Perlegere animis, oculisque sequacibus auras :

                                                      Tunc

Tunc Amythaonius longo post tempore vates,
Nonne feб excelfo fpirantis limite coeli,
Amphiarae, vides, curfus ut nulla ferenos
Ales agat? liquidoque polum complexa meatu
505 Pendeat? aut fugiens placabile planxerit omen?
Non comes obfcurus tripodum, non fulminis ardens
Vector adeft, flavæque fonans avis unca Minervæ,
Non venit auguriis melior. quia vultur, & altis
Defuper accipitres exultavere rapinis.
510 Monftra volant, diræ ftrident in nube volucres,
Noeturnæque gemunt ftriges, & feralia bubo
Damna canens. quæ prima deûm portenta fequemur?
His ne dari, Thymbræe, polum? fimul ora recurvo
Ungue fecant rabidæ, planctumque imitantibus alis
515 Exagitant Zephyros, & plumea pectora cædunt.
Ille fub hæc: Equidem varii, pater, omina Phœbi
Sæpe tuli, jam tum prima cum pube virentem
Semideos inter pinus me Theffala reges
Duceret. hic cafus terræque marifque canentem
520 Obftupuere duces, nec me ventura locuto
Sæplus, in dubiis auditus Jafone Mopfus.
Sed fimiles non ante metus, aut aftra notavi
Prodigiofa magis. quamquam majora parantur,
Hæc adverte animum. clara regione profundi
525 Ætheros, innumeri ftatuerunt agmina cygni.
Sive hos Strymonia Boreas ejecit ab arcto,
Seu fœcunda refert placidi clementia Nili,

Fixerunt

Fixerunt cursus, hac rara in imagine Thebas.
Nam sese immoti gyro, atque in pace silentes,
530 Ceu muris, valloque tenent. Sed fortior eos
Adventat per inane cohors. septem, ordine fulvo
Armigeros summi Jovis exultante caterva.
Intuor. Inachii sunt hi tibi (concipe) reges.
Invaserunt globum nivei gregis, uncaque pandunt
535 Cædibus ora novis, & strictis unguibus instant.
Cernis inexperto rorantes sanguine ventos,
Et plumis stillare diem? quam sæva repente
Victores agitat leto Jovis ira sinistri?
Hic excelsa petens subita face Solis inarsit,
540 Summisitque animos. illum vestigia adortum
Majorum volucrum teneræ deponitis alæ.
Hic hosti implicitus pariter ruit, hunc fuga retro
Volvit agens sociæ linquentem fata catervæ.
Hic nimbo glomeratus obit, hic præpete viva
545 Pascitur immoriens. spargit sæva nubila sanguis,
Quid furtim lachrymas? illum venerande Melampu,
Qui cadit, agnosco. trepidos sic mole futuri,
Cunctaque jam rerum certa sub imagine passos
Terror habet vates. piget irrupisse volantum
550 Concilia, & cœlo mentem insertasse vetanti,
Auditique odêre deos. unde iste per orbem
Primus venturi miseris animantibus æger
Crevit amor? divumne feras hoc munus, an ipsa
Gens avida, & parto non unquam stare quieti?

555 Erui-

555 Eruimus, quæ prima dies, ubi terminus ævi,
    Quid bonus ille deûm genitor, quid ferrea Clotho
    Cogitet: hinc fibræ, & volucrum per nubila sermo,
    Astrorumque vices, numerataque semita lunæ,
    Thessalicumque nefas. At non prior aureus ille

560 Sanguis avûm, scopulisque satæ vel robore genteis
    Mentibus hos aufer. sylvas amor unus, harumque
    Edomuisse manu, quid crastina volveret ætas
    Scire nefas homini. nos pravum, ac debile vulgus
    Scrutati penitus Superos. hinc pallor, & iræ,

565 Hinc scelus, insidiæque, & nulla modestia voti.
    Ergo manu vittas, damnataque vertice serta
    Deripit, abjectaque inhonorus fronde sacerdos,
    Inviso de monte redit. jam bella tubæque
    Comjaus, absentesque fremunt sub pectore Thebæ.

570 Ille nec aspectum vulgi, nec fida tyranni
    Colloquia, aut cœtus procerum perferre, sed atra
    Sede tegi, & Superûm clausus negat acta fateri.
    Te pudor, & curæ retinent per rura Melampu.
    Bisseno premit ora die, populumque ducesque

575 Extrahit incertis, & jam suprema Tonantis
    Jussa fremunt, agrosque viris, annosaque vastant
    Oppida. Bellipotens præ se deus agmina passim
    Mille rapit. liquere domos, dilectaque læti
    Connubia, & primo plorantes limine natos.

580 Tantus in attonitos cecidit deus. arma paternis
    Postibus, & fixos Superûm ad penetralia currus

                                    Vellere

Vellere anten. tune ferre petit rubigine tela,
Hrorentesque ritu gladios in ſæva recurvant
Vulnera, & attrito cogunt juveneſcere faxo.

585 Hi circos galeas, magnorumque arca fata
Thoracum, & tunicas chalybum ſquallere crepantes
Pectoribus tentare, alii Gortynia lentune
Cornua, jam falces avidis, & aratra camphis,
Raſtraque, & incurvi ſævum rubuere ligones.

590 Cædere nec validas ſanctis è ſtirpibus haſtas,
Nec pudor umbrito clypeum veſtiſſe juvenco.
Irrupere Argos, mæſtique ad limina regis
Bella animis, bella ore fremunt: it clamor ad auras,
Quantus Tyrrheni gemitus ſalis, aut ubi tentae

595 Enceladus mutare latus. procul igneus antris
Mons tonat. exundant apices, fluctuſque Pelorus
Contrahit, & ſperat tellus abrupta reverti.
Atque hic ingenti Capaneus Mavortis amore
Exitus, & longam pridem indignantia pacem

600 Corda tumens (huic ampla quidem de ſanguine priſco
Nobilitas. ſed enim ipſe manu progreſſus avorum
Facta, diu tuto Superum contemptor, & æqui
Impatiens, larguſque animæ, modo ſuaſerit ira.)
Unus ut è ſylvis Pholoes habitator opacæ

605 Inter & Æthæos æquus conſurgere fratres.
Ante fores, ubi turba ducum, vulgique frementis,
Amphiaraë tuas, quæ tanta ignavia, clamat
Inachidæ? voſque ô ſocio de ſanguine Achivi

Unus

Unius (heu pudeat), plebeia ad limina civis,
610 Tot ferro accincta gentes, animisque paratas
Pendemus? non, si ipse cavo sub vertice Cyrrhæ,
Quisquis is est timidis, famæque ita visus, Apollo
Mugiat insano penitus seclusus in antro,
Expectare queam, dum pallida virgo tremendas
615 Nuntiet ambages. Virtus mihi numen, & ensis,
Quem teneo. jamque huc timida cum fraude sacerdos
Exeat, aut hodie volucrum quæ tanta potestas
Experiar. latum fremit, assensuque furentem
Implet Achæa manus. tandem prorumpere adactus
620 Oeclides, alio curarum agitante tumultu:
Non equidem effreno juvenis clamore profani,
Dictorumque metu, licet hic infana minetur,
Elicior, tenebris. alio mihi debita fato
Summa dies, vetitumque dari mortalibus armis.
625 Sed me vester amor, nimiusque arcana profari
Phæbus agit. vobis ventura, atque omne, quod ultra est,
Pandere mœstus eo, nam te, vesane, moneri
Ante nefas, unique silet tibi noster Apollo.
Quo miseri, Fatis Superisque obstantibus, arma,
630 Quo rapitis? quæ vos Furiarum verbera cæcos
Exagitant? adeone animarum tædet? & Argos
Exosi? nil dulce domi? nulla omina curæ?
Quid me Persei secreta ad culmina montis
Ire gradu trepido superosque irrumpere cœtus
635 Egistis? potui pariter nescire, quis armis

Casus,

Casus, & atræ dies, quæ fati exordia evolvis,
Quæ mihi. consulti testor penetralia mundi,
Et volucrum affatus, & te, Thymbræe, vocanti.
Non alias tam sæve mihi, quæ signa futuri
640 Pertulerim. vidi ingentia portenta ruinæ.
Vidi hominum, divumque nefas, hilaremque Megæram,
Et Lachesim putri vacuantem sæcula penso.
Projicite arma manu. deus ecce furentibus obstat :
Ecce deus. miseri quid pulchrum sanguine victo
645 Aoniam, & diri saturare novalia Cadmi ?
Sed quid vana cano ? quid fixos arceo casus ?
Ibimus. hic presso gemuit simul ore sacerdos.
Illum iterum Capaneus : tuus ô furor augur, & uni
Ista tibi, ut serves vacuos inglorius Argos :
650 Et tua non unquam Tyrrhenus tempora circum
Clangor eat. quid vota virûm meliora moraris ?
Scilicet ut vanis avibus, natoque, domoque,
Et thalamis potiare jacens, sileamus inulti
Tydeos egregii perfossum pectus ? & arma
655 Fœderis abrupti ? quod si bella effera Graios
Feræ vetas, i Sidonias legatus ad urbes.
Hæc pacem tibi serta dabunt. tua prorsus inani
Verba polo causas, abstrusaque semina rerum
Eliciunt ? miseret Superum, si carmina curæ,
660 Humanæque preces. quid inertia pectora terres ?
Primus in orbe deos fecit timor. & tibi tuto
Nunc eat iste furor. sed prima ad classica cum jam

                                        Hostilem

Hostilem Ismenon galeis Dirceque bibemus,
Ne mihi tunc moneo lituos, atque arma volenti

665 Obvius ire paras, ventisque aut alite visu
Bellorum proferre diem. procul haec tibi mollis
Insula, terrificique aberit dementia Phoebi.
Illic augur ego & mecum quicunque parati
Insanire manu: rursus fragor intonat ingens.

670 Hortantum, & vasto subter volat astra tumultu.
Ut rapidus torrens, animos cui verna ministrant
Flumina, & exuti concreto frigore colles,
Cum vagus in campos frustra prohibentibus exit
Objicibus, resonant permixto turbine tecta,

675 Arva, armenta, viri, donec stetit improbus alto
Colle minor, magnoque invenit in aggere ripas.
Haec alterna ducum nox interfusa diremit.
At gemitus Argia viri non amplius aequo
Corde ferens, sociumque animo miserata dolorem,

680 Sicut erat pridem laceris turbata capillis,
Et fletu signata genas, ad celsa verendi
Ibat tecta patris, parvumque sub ubere caro
Thessandrum portabat avo, jam nocte suprema
Ante novos ortus, ubi sola superstite plaustro

685 Arctos ad Oceanum fugientibus invidet astris.
Utque fores iniit, magnoque affusa parenti est
Cur tua cum lachrymis maesto sine conjuge supplex
Limina nocte petam, cessem ilicet ipsa profari,
Scis genitor. sed jura deum genitalia testor,

690 Teque pater, non ille jubet; sed pervigil angor,
　　Ex quo prima Hymen, movitque infausta siniftram·
　　Juno facem, femper lachrymis gemituque propinquo
　　Exturbata quies. non fi mihi tigridis horror,
　　Æquoreæque fuper rigeant præcordia cautes,
695 Ferre queam. tu folus opem, tu fumma medendi
　　Jura tenes. da bella pater, generique jacentis
　　Afpice res humiles, atque hanc, pater, afpice prolem
　　Exulis. huic olim generis pudor, obvia prima
　　Hofpitia, & junctæ teftato numine dextræ.
700 Hic certe eft, quem Fata dabant, quem dixit Apollo.
　　Non egomet tacitos Veneris furata calores,
　　Culpatamve facem : tua juffa verenda, tuofque
　　Dilexi monitus. nunc qua feritate dolentis
　　Defpiciam queftus? nefcis pater optime, nefcis
705 Quantus amor caufæ mifero nupfiffe marito.
　　Et nunc mœfta quidem grave & illætabile munus
　　Ut timeam doleamque, rogo. fed cum ofcula rumpet
　　Mœfta dies, cum rauca dabunt abeuntibus armis ?
　　Signa tubæ, fævoque genas fulgebitis auro,
710 Hei mihi, care parens! iterum fortaffe rogabo.
　　Illius humenti carpens pater ofcula vultu :
　　Non equidem has unquam culparim nata querelas,
　　Pone metus : laudanda rogas : nec digna negari.
　　Sed mihi multa dei (nec tu fperare quod urges
715 Define) multa metus, regnique volubile pondus
　　Subjiciunt animo. veniet, qui debitus iftis

　　　　　　　　　　　　　　　　　　Nata

Nata modus, nec te incaſſum fleviſſe quereris.
Tu ſolare virum, neu ſint diſpendia juſtæ
Dura moræ, magnos cunctamur nata paratus.
720 Proficitur bello. dicentem talia naſcens
Lux movet, ingenteſque jubent aſſurgere curæ

P. PAPINII STATII

THEBAIDOS

LIBER QUARTUS.

TERTIUS horrentem Zephyris laxaverat annum
Phœbus, & anguſtum cogebat limite verno
Longius ire diem, cum fracta impulſaque fatis
Conſilia, & tandem miſeris data copia belli.
5 Prima manu rutilam de vertice Lariſſæo
Oſtendit Bellona facem, dextraque trabalem
Haſtam intorſit agens; liquido quæ ſtridula cœlo
Fugit, & adverſæ celſo ſtetit aggere Dirces.
Mox & caſtra ſubit, ferroque, auroque coruſcis
10 Mixta viris, turmale fremit. dat euntibus enſes.

Plaudit

Plaudit equos : vocat ad portas. hortamina fortes
Præveniunt, timidifque etiam brevis addita virtus.
Dicta dies aderat. cadit ingens rite Tonanti
Gradivoque pecus. nullifque fecundus in extis
15 Pallet, & armatis fimulat fperare facerdos.
Jamque fuos circum pueri, innuptæque, patrefque,
Funduntur mixti, fummifque à poftibus obftant.
Nec modus eft lachrymis. rorant clypeïque, jubæque
Trifte falutantum, & cunctis dependet ab armis
20 Sufpiranda domus. galeis juvat ofcula claufis
Inferere, amplexuque truces deducere conos.
Illi, quîs ferrum modo, quîs mors ipfa placebat,
Dant gemitus, fractæque labant fingultibus iræ.
Sic ubi forte viris longum foper æquor ituris,
25 Cum jam ad vela Noti, & fciffo redit anchora fundo,
Hæret amica manus : certant innectere collo
Brachia, manantefque oculos. hinc ofcula turbant,
Hinc magni caligo maris : tandemque relicti
Stant in rupe tamen. fugientia carbafa vifu
30 Dulce fequi, patriofque dolent crebrefcere ventos.
Stant tamen, & notam puppem de rupe falutant.
Nunc mihi, fama prior, mundique arcana vetuftas,
Cui meminiffe ducum, vitafque extendere curæ,
Pande viros, tuque ô nemoris regina fonori
35 Calliope, quas ille manus, quæ moverit arma
Gradivus, quantas populis folaverit urbes,
Sublata molire lyra. nec enim altior ulli

Mens haufto de fonte venit. Rex triftis, & æger
Pondere curarum, propiorque abeuntibus annis.
40 Inter adhortantes vix fponte incedit Adraftus,
Contentus ferro cingi latus. arma manipli
Pone ferunt: volucres portis auriga fub ipfis
Comit equos, & jam inde jugo luctatur Arion.
Huic armat Lariffa viros: huic celfa Profymne,
45 Aptior armentis Midea, pecorofaque Phyllos,
Quæque pavet longa fpumantem valle Charadron
Neris, & ingenti turritæ mole Cleonæ,
Et Lacedæmonium Thyre lectura cruorem.
Junguntur memores tranfmiffi ab origine regis,
50 Qui Drepani fcopulos, oliviferæ Sicyonis
Culta ferunt, quos pigra vado Langia tacenti
Lambit, & amfractu riparum incurvus Eliffos.
Sævus honos fluvio: Stygias luftrare feveris
Eumenidas perhibetur aquis. huc mergere fuetæ
55 Ora, & anhelantes tuto Phlegethonte ceraftas.
Seu Thracum vertere domos, feu tecta Mycenis
Impia, Cadmeumve larem. fugit ipfe natantes
Amnis, & innumeris livefcunt ftagna venenis.
It comes Inoas Ephyre folata querelas,
60 Cenchræque manus, vatum qua confcius amnis
Gorgoneo percuffus equo. quaque objacet alto
Ifthmos, & terris maria inclinata repellit.
Hæc manus Adraftum numero ter mille fecuti
Exultant. pars gefa manu, pars robora flammis

65 Indu-

65 Indurata diu (non unus namque maniplis
   Mos, neque sanguis inest) teretes pars vertere fundas
   Affueti, vacuoque diem præcingere gyro.
   Ipfe annis fceptrifque fubit venerabilis, æque :
   Ut poffeffa diu taurus meat arduus inter
70 Pafcua, jam laxa cervice, & inanibus armis,
   Dux tamen. haud illum bello attentare juvencis
   Sunt animi, nam trunca vident de vulnere multo
   Cornua, & ingentes plagarum in pectore nodos.
   Proxima longævo profert Dircæus Adrafto
75 Signa gener, cui bella favent : cui commodat iras
   Cuncta cohors. huic & patria de fede volentes
   Advenere viri. feu quos movet exul, & hæfit
   Triftibus aucta fides, feu quîs mutare potentes
   Præcipuum, multi melior quos caufa querenti
80 Conciliat. dederat nec non focer ipfe regendas
   Ægion, Arenenque, & quas Thefeïa Trœzen
   Addit opes, ne rara movens inglorius iret
   Agmina, neu raptos patriæ fentiret honores.
   Idem habitus, eadem arma viro, quæ debitus hofpes
85 Hiberna fub nocte tulit.   Theumefius implet
   Terga leo. gemino lucent haftilia ferro :
   Afpera vulnifico fubter latus enfe riget Sphynx.
   Jam regnum matrifque finus, fidafque forores
   Spe, votifque tenet : tamen & de turre fuprema
90 Attonitam, totoque extantem corpore longe
   Refpicit Argian. hæc mentem, oculofque reducit

                             Conju-

Conjugis, & dulces averti pectore Thebas.
Ecce inter medios patriæ ciet agmina gentis
Fulmineus Tydeus: jam lætus, & integer artus,
95 Ut primum strepuere tubæ. Ceu lubricus alta
Anguis humo verni blanda ad spiramina solis
Erigitur liber senio, & squallentibus annis
Exutus, lætisque minax interviret herbis.
Ah miser, agrestum si quis per gramen hianti
100 Obvius, & primo siccaverit ora veneno!
Huic quoque præstantes Ætolis urbibus affert
Belli fama viros. sensit scopulosa Pylene
Fletaque cognatis avibus Meleagria Pleuron.
Et præceps Calydon, & quæ Jove provocat Iden
105 Olenos, Ioniis & fluctibus hospita portu
Chalcis, & Herculea turpatus gymnade vultus
Amnis: adhuc imis vix truncam attollere frontem
Ausus aquis, glaucoque caput summersus in antro
Mœret, anhelantes ægrescunt pulvere ripæ.
110 Omnibus æratæ propugnant pectora crates,
Pilaque sæva manu, patrius stat casside Mavors.
Undique magnanimum pubes delecta coronant
Oeniden hilarem bello, notisque decorum
Vulneribus. non ille minis Polynicis, & ira
115 Inferior, dubiumque adeo cui bella gerantur.
Major at inde novis it Doricus ordo sub armis,
Qui ripas Lyrcie tuas, tua littora multo
Vomere suspendunt, fluviorum ductor Achivum

Inache.

Inache.   Perfea neque enim violentior exit
120 Amnis humo, cum Taurum, aut Pliadas haufit aquofas
Spumeus, & genero tumuit Jove. quos celer ambit
Afterion Dryopumque trahens Erafinus ariftas.
Et qui rura domant Epidauria: dexter Iaccho
Collis (at Ennæ æ Cereri negat) avia Dyme.
125 Mittit opes, denfafque Pylos Neleia turmas,
Nondum nota Pylos, juvenifque ætate fecunda,
Neftor, & ire tamen peritura in caftra negavit.
Hos agitat, pulchræque docet virtutis amorem
Arduus Hippomedon. capiti tremit ærea caffis,
130 Ter nivea fcandente juba. latus omne fub armis
Ferrea futa terunt. humeros, ac pectora late
Flammeus orbis habet, perfectaque vivit in auro
Nox Danai. fontes, furiarum lampade nigra,
Quinquaginta ardent thalami: pater ipfe cruentis
135 In foribus laudatque nefas, atque infpicit enfes.
Illum Palladia fonipes Nemeæus ab arce
Devehit arma pavens. umbraque immane volanti
Implet agros, longoque attollit pulvere campum.
Non aliter fylvas humeris, & utroque refringens
140 Pectore, montano duplex Hyleus ab antro
Præcipitat, pavet Offa vias, pecudefque, feræque,
Procubuere metu: non ipfis fratribus horror
Abfuit, ingenti donec Peneïa faltu
Stagna fubit, magnumque objectus detinet amnem.
145 Quis numerum ferri, gentefque, & robora dicto

Æquarit

Æquarit mortale fonans? fuus excit in arma
Antiquam Tiryntha deus. non fortibus illa
Infœcunda viris, famaque immanis alumni
Degenerat; fed lapfa fitu fortuna, neque addunt
150 Robur opes. rarus vacuis habitator in arvis
Monftrat Cyclopum ductas fudoribus arces.
Dat tamen hæc juvenum tercentum pectora, vulgus
Innumerum bello, quibus haud amenta, nec enfes
Trifte micant. flavent capiti tergoque leonum
155 Exuviæ, gentilis honos, & pineus armat
Stipes, inexhauftis arctantur tela pharetris.
Herculeum Pæana canunt, vaftataque monftris
Omnia: frondofa longum deus audit ab Oeta.
Dat Nemea comites, & quas in prælia vires
160 Sacra Cleonæi cogunt vineta Molorchi.
Gloria nota cafæ, foribus fimulata falignis
Hofpitis arma dei, parvoque oftenditur arvo.
Robur ubi & laxos qua reclinaverit arcus
Ilice, qua cubiti fedeant veftigia terra.
165 At pedes, & toto defpectans vertice bellum,
Quatuor indomitis Capaneus erepta juvencis
Terga, fuperque rigens injectu molis ahenæ
Verfat onus, fquallet triplici ramofa corona
Hydra recens obitu. pars anguibus afpera vivis
170 Argento cælata micat, pars arte reperta
Conditur, & fulvo moriens ignefcit in auro,
Circum amnis torpens, & ferro cœrula Lerne.

At laterum tractus, fpatiofaque pectora fervat
Nexilis innumero chalybum fubtemine thorax,
175 Horrendum, non matris opus, galeæque corufca
Prominet arce gygas. atque uni miffilis illi
Cufpide præfixa ftat frondibus orba cupreffus.
Huic parere dati quos fertilis Amphigenia,
Planaque Meffene, montanaque nutrit Ithome.
180 Quos Thrion, & fummis ingeftum montibus Æpy,
Quos Helos, & Pteleon, Getico quos flebile vati
Dorion. hic fretus doctas anteire canendo
Aonidas, mutos Thamyris damnatus in annos
Ore fimul, citharaque (quis obvia numina temnat?)
185 Conticuit præceps. qui non certamina Phœbi
Noffet, & illuftres Satyro pendente Celænas.
Jamque & fatidici mens expugnata fatifcit
Auguris. ille quidem cafus, & dira videbat
Signa, fed ipfa manu cunctanti injecerat arma
190 Atropos, obrueratque deum, nec conjugis abfunt
Infidiæ, vetitoque domus jam fulgurat auro.
Hoc aurum vati fata exitiale monebant
Argolico. fcit & ipfe nefas, fed perfida conjux
Dona viro mutare velit, fpoliifque potentis
195 Imminet Argiæ, raptoque excellere cultu
Illa libens (nam regum animos, & pondera belli
Hac nutare videt, pariter ni providus heros
Militet) ipfa facros gremio Polynicis amati
Depofuit nexus haud mœfta, atque infuper addit:

200 Non

200 Non hæc apta mibi nitidis ornatibus, inquit,
     Tempora, nec miferæ placeant infignia formæ
     Te fine. fat dubium cœtu folante timorem.
     Fallere, & incultos aris advertere crines.
     Scilicet (heu fuperi) cum tu cludare minaci

205 Caffide, ferratufque fones, ego divitis aurum
     Harmoniæ dotale geram? dabit aptior ifta
     Fors deus, Argolicafque habitu præftabo maritas.
     Cum regis conjux, cum te mihi fofpite, templa
     Votivis implenda choris: nunc induat illa,

210 Quæ petit, & bellante poteft gaudere marito.
     Sic Eriphylæos aurum fatale penates
     Irrupit, fcelerumque ingentia femina movit,
     Et grave Tifiphone rifit gavifa futuris.
     Tænareis hic celfus equis, quam difpare cœtu

215 Cyllarus, ignaro generarat Caftore prolem,
     Quaffat humum. vatem cultu Parnaffia monftrat
     Vellera, frondenti crinitur caffis oliva,
     Albaque puniceas interplicat infula criftas.
     Arma fimul, prenfafque jugo moderatur habenas.

220 Hinc, atque inde moræ jaculis, & ferrea curru
     Sylva tremit. procul ipfe gravi metuendus in hafta
     Eminet, & clypeo victum Pythona corufcat.
     Hujus Apollineæ currum comitantur Amyclæ.
     Quos Pylos, & dubiis Malea vitata carinis,

225 Plaudentique habiles Caryæ refonare Dianæ.
     Quos Pharis, volucrumque parens Cythereïa Meffe,

Taygetique phalanx, & oliviferi Eurotæ
Dura manus. deus ipfe viros in pulvere crudo
Arcas alit, nudæque modos virtutis, & iras
230 Ingenerat. vigor inde animis, & mortis honoræ
Dulce facrum. gaudent natorum fata parentes :
Hortanturque mori. deflet jamque omnis ephebum
Turba, coronato contenta eft funere mater.
Frena tenent, duplexque inferto miffile nodo,
235 Exerti ingentes humeros : chlamys horrida pendet.
Et cono Ledæus apex. non hi tibi folum,
Amphiaraë, merent. auget refupina maniplos
Elis. depreffæ populus fubit incola Pifæ,
Qui te, flave, natant terris, Alphee, Sicanis
240 Advena tam longo non unquam infecte profundo.
Curribus innumeris late putria arva laceffunt :
Et bellis armenta domant. ea gloria genti
Infando de more, & fractis durat ab ufque
Axibus Oenomai. ftrident fpumantia morfu
245 Vincula, & effoffas niveus rigat imber arenas.
Tu quoque Parrhafias ignara matre catervas
Ah rudis annorum (tantum nova gloria fuadet)
Parthenopæe, rapis. tum faltus forte remotos
Torva parens (neque enim hæc juveni foret ire poteftas)
250 Pacabat cornu, gelidique averfa Lycei
Pulchrior haud ulli trifte ad difcrimen ituro
Vultus, & egregiæ tanta indulgentia formæ.
Nec defunt animi, veniat modo fortior ætas.

Quos

Quos non ille duces nemorum, fluviifque dicata
255 Numina; quas magno non impulit igne Napæas?
Ipfam, Mænalia puerum cum vidit in umbra,
Dianam, tenero fignantem gramina paffu,
Ignoviffe ferunt comiti, Dictæaque tela
Ipfam, & Amyclæas humeris aptaffe pharetras.
260 Profilit audaci Martis percuffus amore,
Arma, tubas audire calens, & pulvere belli
Flaventem fordere comam, captoque referri
Hoftis equo. tædet nemorum, titulumque nocentem
Sanguinis humani pudor eft nefcire fagittas.
265 Igneus ante omnes auro micat, igneus oftro,
Undantemque finum nodis irrugat Iberis.
Imbelli parma pictus Calydonia matris
Prælia. trux leva fonat arcus, & afpera plumis
Terga, Cydonæa corytos arundine pulfat,
270 Electro pallens, & iafpide clarus Eoa.
Cornipedem trepidos fuetem prævertere cervos
Velatum gemina dejectu lyncis, & arma
Mirantem gravioris heri fublimis agebat,
Dulce rubens, viridique genas fpectabilis ævo.
275 Arcades huic veteres aftris Lunaque priores,
Agmina fida datis. nemorum vos ftirpe rigenti
Fama fatos, cum prima pedum veftigia tellus
Admirata tulit. nondum arva, domufque, nec urbes
Connubiifque modus. Quercus, laurique ferebant
280 Cruda puerperia, ac populos umbrofa creavit

Fraxi-

Fraxinus, & fœta viridis puer excidit orno.
Hi lucis stupuisse vices, noctisque feruntur
Nubila, & occiduum longe Titana secuti
Desperasse diem. rarescunt alta colonis

285 Mænala: Parthenium fugitur nemus: agmina bello
Rhipeque, & Stratie, ventosaque donat Enispe.
Non Tegea, non ipsa Deo vacat alite felix
Cyllene, templumque Aleæ nemorale Minervæ.
Et rapidus Cliton, & qui tibi, Pythie, Ladon

290 Pæne socer. cændensque jugis Lampia nivosis,
Et Pheneos nigro Styga mittere credita Diti.
Venit & Idæis ululatibus æmulus Azan.
Parrhasiique duces, & quæ risistis, Amores,
Grata pharetrato Nonacria rura Tonanti.

295 Dives & Orchomenos pecorum, & Cynosura ferarum.
Æphitios idem ardor agros, & Psophida celsam
Vastat, & Herculeo vulgatos robore montes,
Monstriferumque Erymanthon, & ærisonum Stymphalon.
Arcades hi, gens una viris, sed dissona cultu

300 Scinditur, hi Paphias myrtos à stirpe recurvant,
Et pastorali meditantur prælia trunco.
His arcus, his tela sudes, hic casside crines
Integit: Arcadii morem tenet ille galeri.
Ille Lycaoniæ rictu caput asperat ursæ.

305 Hos belli eœtus, jurataque pectora Marti,
Milite viciæ nullo juvere Mycenæ.
Funerea tum namque dapes, mediique recursos

Solis.

Solis, & hic alii miscebant prælia fratres &

Jamque Atalantææ implerat nuntius aures

310 Ire ducem bello, totamque impellere natum

Arcadiam. tremuere gradus, elapsaque juxta

Tela. fugit sylvas pernicior alite vento

Saxa per, & plenis obstantia flumina ripis.

Qualis erat, correpta sinus, & vertice flavum

315 Crinem sparsa noto. raptis velut aspera natis

Prædatoris equi sequitur vestigia tigris.

Ut stetit, adversisque impegit pectora frenis:

(Ille ad humum pallens) Unde hæc furibunda cupido,

Nate, tibi? teneroque unde improba pectore virtus?

320 Tu bellis aptare viros? tu pondera ferre

Martis, & ensiferas inter potes ire catervas?

Quanquam utinam vires! nuper te pallida vidi,

Dum premis obnixo venabula cominus apro,

Poplite succiduo resupinum ac pæne ruentem:

325 Et ni curvato torsissem spicula cornu,

Nunc ubi bella tibi? nil te mea tela juvabunt,

Nec teretes arcus, maculis nec discolor atris,

Hic, cui fidis, equus. magnis conatibus instas,

Vix Dryadum thalamis, Erymanthiadumque furori

330 Nympharum mature puer. sunt omina vera:

Mirabar cur templa mihi tremuisse Dianæ

Nuper, & inferior vultu dea visa, sacrisque

Exuviæ cecidere tholis. hinc segnior arcus,

Difficilesque manus, & nullo in vulnere certa.

335 Expecta

335 Expecta dum major bonos, dum firmius ævum,
    Dum roseis venit umbra genis, vultufque recedunt
    Ore mei, tunc bella tibi, ferrumque quod ardes,
    Ipfa dabo, & nullo matris revocabere fletu.
    Nunc refer arma domum. Vos autem hunc ire finetis,
340 Arcades? O faxis nimirum, & robore nati.
    Plura cupit, fufi circum natufque, ducefque
    Solantur, minuuntque metus, & jam horrida clangunt
    Signa tubæ. nequit illa pio dimittere natum
    Complexu, multumque duci commendat Adrafto.
345 At parte ex alia Cadmi Mavortia plebes,
    Mœfta ducis furiis, nec molli territa fama,
    (Quando his vulgatum defcendere viribus Argos)
    Tardius illa quidem, regis, caufæque pudore,
    Verum bella movet. nulli diftringere ferrum
350 Impetus, aut humeros clypeo claufiffe paterno
    Dulce. nec alipedum juga comere, qualia belli
    Gaudia. dejecti trepidas fine mente, fine ira,
    Promifere manus. hic ægra in forte parentem
    Unanimum, hic dulces primævæ conjugis annos
355 Ingemit, & gremio miferos accrefcere natos.
    Bellator nulli caluit deus: ipfa vetufto
    Mœnia laffa fitu, magnæque Amphionis arces,
    Jam feffum fenio nudant latus, & fide facra
    Æquatos cœlo, furdum, atque ignobile, muros
360 Firmat opus. tamen & Bœotis urbibus ultrix
    Afpirat ferri rabies, nec regis iniqui

Subfidio,

Subfidio, quantum focia pro genie moveantur.
Ille velut pecoris lupus expugnatòr opimi,
Pectora tabenti fanie gravis, hirtaque fetis
365 Ora cruentata deformis hiantia lana,
Decedit ftabulis, huc, iftuc turbida verfans
Lumina, fi duri comperta clade fequantur
Paftores, magnique fugit non infcius aufi.
Accumulat crebros turbatrix fama pavores.
370 Hic jam difperfos errare Afopide ripa
Lernæos equites: hic te, bacchate Cithæron,
Ille rapi Theumefon ait, noctifque per umbras
Nuntiat excubiis vigiles arfiffe Plateas.
Nam Tyrios fudaffe lares, & fanguine Dircen
375 Irriguam, fœtufque novos, iterumque locutam
Sphynga petris, cui non & fcire licentia paffim,
Et vidiffe fuit? Novus his fuper anxia turbat
Corda metus.   Sparfis fubito correpta caniftris
Sylveftris regina chori, decurrit in æquum
380 Vertice ab Ogygio, trifidamque huc triftis, & illuc,
Lumine fanguineo pinum dejectat, & ardens
Erectam attonitis implet clamoribus urbem:
Omnipotens Nifæe pater, cui gentis avitæ
Pridem lapfus amor, tu nunc horrente fub arcto
385 Bellica ferrato rapidus quatis Ifmara thyrfo,
Pampineumque jubes nemus irreptare Lycurgo,
Aut tumidum Gangen, aut clauftra noviffima rubræ
Tethyos, Eoafque domos flagrante triumpho

Perfuris, aut Hermi de fontibus aureus exis.

390 At tua progenies, pofitis gentilibus arifis
Quæ tibi fefta litat bellum, lachrymafque, metumque
Cognatumque nefas injufti munera regni
Pendimus. æternis potius me Baccche pruinis
Trans & Amazoniis ululatum Caucafon armis,

395 Sifte ferens, quam monftra ducum ftirpemque profanam
Eloquar. en urges: alium tibi, Bacche, furorem
Juravi. fimiles video concurrere tauros.
Idem ambobus honos, unufque ab origine fanguis.
Ardua collatis obnixi cornua mifcent

400 Frontibus, alternaque truces moriuntus in ira.
Tu pejor, tu cæde nocens, qui folus avita
Gramina, communemque petis defendere montem.
Ah miferi morum! bellatis fanguine tanto,
Et faltus dux alter habet. fic fata gelatis

405 Vultibus, & Baccho jam demigrante quievit.
At trepidus monftro, & variis terroribus impar
Longævi rex vatis opem, tenebrafque fagaces
Tirefiæ (qui mos incerta paventibus) æger
Confulit. ille deos non larga cæde juvencûm,

410 Non alacri penna, aut verum fpirantibus extis,
Nec tripode implicito, numerifque fequentibus aftra,
Thures nec fupra volitante altaria fumo,
Tam penitus, duræ quam mortis limite manes
Elicitos patuiffe refert, Lethæaqua facra

415 Et merfum Ifmeni fubter confinia ponto

Mifcentis,

Miscentis, parat ante ducem circumque bidentum
Visceribus laceris, & odori sulfuris aura,
Graminibusque novis, & longo murmure purgat.
Sylva capax ævi, validaque incurva senecta,
420 Æternum intonsæ frondis stat pervia nullis
Solibus, haud illam brumæ minuere, Notusve
Jus habet, aut Getica Boreas impactus ab Ursa.
Subter opaca quies, vacuusque silentia servat
Horror, & exclusæ pallet mala lucis imago.
425 Nec caret umbra deo. nemori Latonia cultrix
Additur. hanc picem, cedrique, & robore in omni
Effictam, sanctis occultat sylva tenebris.
Hujus inaspectæ luco stridere sagittæ,
Nocturnique canum gemitus, ubi limina patrui
430 Effugit; inque novæ melior redit ora Dianæ.
Ast ubi fessa jugis, dulcesque altissima somnos
Lux movet, hic late jaculis circum undique fixis,
Effusam pharetra cervicem excepta quiescit.
Extra immane patent, tellus Mavortia, campi,
435 Fœtus ager Cadmo; durus qui vomere primo
Post consanguineæ acies, fulcosque nocentes,
Ausus humum versare, & putria sanguine prata
Eruit; ingentes infelix terra tumultus
Lucis adhuc medio, solaque in nocte per umbras
440 Expirat, nigra cum vana in prælia surgunt
Terrigenæ, fugit incepto tremebundus ab arvo
Agricola, insanique domum rediere juvenci,

M m 2   Hic

Hic fenior vates (Stygiis accerfita quippe
Terra facris, multoque placent fola pinguia tabo):
445 Velleris obfcuri pecudes, armentaque fibi
Atra monet. quæcunque greges pulcherrima cervix
Ducitur. ingemuit Dirce, montefque Cithæron,
Et nova clamofæ ftupuere filentia valles.
Tum fera cæruleis intexit cornua fertis.
450 Ipfe manu tractans, notæque in limine fylvæ
Principio largos nervies cohure faxes
Inclinat Bacchi latices, & munera verni
Lactis, & Actæos imbres, fuaduemque cruorem
Manibus: aggeritur, quantum bibit arida tellus.
455 Trunca dehinc nemora advolvunt, mœftufque facerdos
Tres Hecate, totidemque fatis Acherente nefafto
Virginibus jubet effe focos. tibi rector averni
Quanquam infoffus humo, fuperat tamen agger in auras
Pineus, hunc juxta cumulo minor ara profundæ
460 Erigitur Cereri. frondes, atque omne cupreffus
Intexit plorata latus. jamque ardua ferro
Signati capita, & flagrum Ebennino puro
In vultus cecidere greges. tunc innuba Mantho
Exceptum pateris prælibat fanguinem, & omnes
465 Ter circum acta pyras fancti de more parentis
Seminecos fibras, & adhuc fpirantia reddit
Vifcera, nec rapidas cunctatur frondibus atris
Subjectare faces, atque ipfa fonantia flammis
Virgulta, & triftes crepuiffe ut fenfit acervos

470 Tirefias

470 Tiresias (illi nam plurimus ardor anhelat,

Ante genas, implesque cavos vapor igneus orbes)

Exclamat: (tremuere regi, & vox impulit ignem)

Tartareæ sedes, & formidabile regnum

Mortis inexpletæ, tuque ô sævissime fratrum,

475 Cui servire datæ mortes, æternaque sontum

Supplicia, atque imi famulatur regia mundi,

Solvite pulsanti loca muta, & inane severæ

Persephones, vulgusque cava sub nocte repostum

Elicite, & plena redeat Styga portitor alno.

480 Ferte simul gressus, nec simplex Manibus esto

In lucem remeare modus, tu separe cœtu

Elysios Persei pios, virgaque potenti

Nubilas Arcas agat, contra per crimina functis

Qui plures Erebo, pluresque è sanguine Cadmi,

485 Angue ter excusso, & flagranti prævia saxo,

Tisiphone, dux, pande diem, nec lucis egentes

Cerberus occursu capitum retorqueat umbras.

Dixerat, & pariter senior, Phœbeaque virgo

Erexere animos, illis formidine nulla,

490 (Quippe in corda deæ) solum tremor ubroit ingens

Oedipodioniden, vatisque horrenda canentis

Nunc humeros, nunc ille manus, & vellera prensat

Anxius, inceptisque velit desistere factis.

Qualis Gætulæ stabulantem ad confraga sylvæ

495 Venator longe monstrum clamore leonem

Expectat firmans animum, & sudantia nisu

Tela

Tela premens, gelat ora pavor, gressusque tremiscunt
Quis veniat, quantusque, sed horrida signa frementis,
Accipit, & cæca metitur murmura cura.
500 Atque hic Tiresias nondum advantantibus umbris:
Testor, ait, divæ, quibus hunc saturavimus ignem,
Lævaque convulsæ dedimus sarchosa terræ.
Jam nequeo tolerare moras, satiasne sacerdos.
Audior? an rabido jubeat si Thessala cantu
505 Ibitis? & Scythicis quoties armata venenis
Colchis ages, trepido pallebunt tartara motu?
Nostri cura minor, si non attollere bustis
Corpora, nec plenas antiquis ossibus urnas
Egerere, in mixtos, cœlique, Erebique sub unum
510 Funestare deos licet? aut exanguia ferro
Ora sevvi, aut ægras functorum carpere fibras?
Ne tenues annos, nubemque hanc frontis opacæ,
Spernite me, moneo, et nobis servire facultas.
Scimus enim, & quicquid dici, nascique timetis,
515 Et turbare Hecaten, ni te, Thaumbrae, vererer,
Et triplicis mundi summum quem scire nefastum est,
Illum sed taceo, prohibet tranquilla senectus.
Jamque ego vos avide subicit Phœbeja Manto
Audii, o genitor, vulgusque exangue propinquat.
520 Panditur Elysium Chaos, & telluris operta,
Diffusaque umbrae capax, sylvæque & nigra patescunt
Flumina, livrenem Acheron ejectat arenas.
Fumidus atra vadis Phlegethon incendia volvit.

Et

Et Styx difcretis internis Manibus obstat.
525 Ipfum pallentem folio, circumque miniftras
Funeftorum operum Eumenides, Stygiæque fororos
Junonis thalamos, & mœfta cubilia cerno.
In fpeculis Mors atra fedet, dominifque filentis
Adnumerat populos: major fuperimminet ordo.

530 Arbiter hos dura verfat Gortynius urna,
Vera minis pofcens, adigitque expromere vitas
Ufque retro, & tandem pœnarum lucra fateri.
Quid tibi monftra Erebi, Scyllas, & inane furentes
Centauros, folidoque intorta adamante gigantum

535 Vincula, & anguftam centeni Ægeonis umbram
Immo, ait, ô noftræ regimen, virefque fenectæ,
Ne vulgato mihi. quis enim remeabile faxum,
Fallentefque lacus, Tytionque alimenta volucrum,
Et caligantem longis Ixiona gyris

540 Nefciat? ipfe etiam melior cum fanguis, opertas
Infpexi fedes Hecate ducente, priufquam
Obruit ora Deus, totamque in pectora lucem
Detulit. Argolicas magis huc appelle procando,
Thebanafque animas, alias avertere greffu

545 Lacte quater fparfas inceftoque excedere luco
Nata, jube. tum quis vultus, habitufque, quis ardor
Sanguinis adfufi, gens utra fuperbius udis,
Dic agedum, noftramque move per fingula noctem.
Juffa facit, carmenque ferit quo diffipat umbras,

550 Quo regat & fparfas: qualis fi trimbus demas

                                    Colchis,

Colchis, & Ææo simulatrix littore Circe.
Tunc his sacrificum dictis adfata parentem:
Primus sanguineo summittit inertia Cadmus
Ora lacu, juxtaque virum Cithereïa proles.
555 Effluit amborum geminus de vertice serpens.
Terrigenæ comites illos, gens Martia cingunt.
His ævi mensura dies: manus omnis in armis,
Omnis & in capulo. prohibent, obstantque, ruuntque
Spirantum rabie. nec tristi incumbere sulco
560 Cura, sed alternum cuperent haurire cruorem.
Proxima natarum manus est, fletique nepotes.
Hic orbam Autonoen, & anhelam cernimus Ino
Respectantem arcus; & ad ubera dulce prementem
Pignus, & oppositis Semelen à ventre lacertis.
565 Penthea jam fractis genitrix Cadmeïa thyrsis,
Jam dimissa deo, pectusque adaperta cruentum
Insequitur planctu. fugit ille per avia Lethes,
Et Stygios, superosque lacus, ubi mitior illum
Flet pater & lacerum componit corpus Echion.
570 Tristem nosco Lycum, dextramque in terga reflexum
Æoliden, humero jactantem funus onusto.
Necdum ille aut habitus, aut versæ crimina formæ
Mutat Aristæo genitus. frons aspera cornu,
Tela manu, rejicitque canes in vulnus hiantes.
575 Ecce autem magna subit invidiosa caterva
Tantalis, & tumido percenset funera luctu,
Nil dejecta malis. juvat effugisse deorum.

Numina,

Numina, & infanæ plus jam permittere linguæ.
Talia dum patri canit intemerata facerdos,
580 Illius elatis tremefacta adfurgere vittis
Canicies, tenuique impelli fanguine vultus.
Nec jam firmanti baculo, nec virgine fida
Nititur, erectufque folo, Defifte canendo,
Nata, ait, externæ fatis eft mihi lucis, inertes
585 Difcedunt nebulæ, & vultum niger exuit aër.
Umbrifne, an fupero me miffus Apollipe complet
Spiritus? en video quæcunque audita. fed ecce
Mœrent Argolici dejecto lumine manes.
Torvus Abas, Prœtufque nocens, mitifque Phoroneus
590 Truncatufque Pelops, & fævo pulvere fordens
Oenomaus, largis humectant imbribus ora.
Auguror hinc Thebis belli meliora. quid autem
Hi grege condenfo (quantum arma & vulnera monftrant,
Pugnaces animæ) nobis in fanguine multo
595 Oraque, pectoraque & falfo clamore levatas
Intendunt fine pace manus? rex, fallor, an hi funt
Quinquaginta illi? cernis Chthoniumque Chrominque
Phægeaque, & noftra præfignem Mæona lauro.
Ne fævite duces. nihil hic mortalibus aufum.
600 Credite confiliis. hos ferrea neverat annos
Atropos, exiftis cafus. bella horrida nobis,
Atque iterum Tydeus. dixit, vittaque ligatis
Frondibus inftantes abigit, monftratque cruorem.
Stabat inops comitum Cocyti in littore mæfto

605 Laïus, immiti quem jam deus ales Averno
    Reddiderat, diramque tuam obliqua nepotem,
    (Noscit enim vultu) non ille aut sanguinis haustus
    Cætera ceu plebes, aliumve accedit ad imbrem,
    Immortale odium spirans. sed prolicit ultro
610 Aonius vates : Tyriæ dux inclyte Thebes,
    Cujus ab interitu non ulla Amphionis arces
    Vidit amica dies. ô jam satis ulte cruentum
    Exitium, & multum placata minoribus umbra,
    Quo miserande fugis ? jacet ille in funere longo
615 Quem premis, & junctæ sentit confinia mortis.
    Obsitus exhaustos pedore, & sanguine vultus,
    Ejectusque die. sors leto durior omni,
    Crede mihi. quænam immeritum vitare nepotem
    Causa tibi ? confer vultum, & satiare litanti
620 Sanguine, venturasque vices, & funera belli
    Pande vel infensus, vel res miserate tuorum.
    Tunc ego te optata vetitam transmittere Lethen
    Puppe dabo, placidumque pia tellure reponam,
    Et Stygiis mandabo deis. Mulcetur honoris
625 Muneribus, tangitque genas. dehinc talia reddit :
    Cur tibi versanti manes, æquæve sacerdos,
    Lectus ego augurio ? tantisque potissimus umbris
    Qui ventura loquar ? satis est meminisse priorum.
    Nostrane præclari (pudeat) consulta nepotes
630 Poscitis ? illum illum sacris adhibere nefastis,
    Qui læto fodit ense patrem, qui semet in ortus

Vertit,

Vertit, & indignæ regerit sua pignora matri.
Et nunc illa deos, furiarumque atra fatigat
Concilia, & noftros rogat hæc in prælia manes.

635 Quod fi adeo placui deflenda in tempora vates,
Dicam equidem, quo me Lachefis, quo torva Megæra
Ufque finuat. Bellum innumero venit undique bellum
Agmine, Lernæofque trahit fatalis alumnos
Gradivus ftimulis. hos terræ monftra, deumque

640 Tela manent, pulchrique obitus, & ab igne fupremo
Sontes lege moræ. certa eft victoria Thebis,
Ne trepida, nec regna ferox germanus habebit.
Sed furiæ, geminumque nefas, miferofque per enfes
(Hei mihi) crudelis vincet pater. Hæc ubi fatus,

645 Labitur, & flexa dubios ambage reliquit.
Interea gelidam Nemeen, & confcia laudis
Herculeæ dumeta, vaga legione tenebant
Inachidæ. jam Sidonias avertere prædas,
Sternere, ferre domos ardent, inftantque. Quis iras

650 Flexerit, unde moræ, medius quis euntibus error
Phœbe doce : nos rara manent exordia famæ.
Marcidus edomito bellum referebat ab Hæmo
Liber, ibi armiferos geminæ jam fydere brumæ
Orgia ferre Getas, canumque virefcere dorfo

655 Othryn, & Icaria Rhodopen adfueverat umbra,
Et jam pampineos materna ad mœnia currus
Promovet : effrenæ dextra, levaque fequuntur
Lynces, & uda mero lambunt retinacula tigres.

Poft

Poft exultantes fpolia armentalia portant

660 Seminecefque lupos, fciffafque Mænaſſones urſas.
Nec comitatus iſters: ſunt illic Ira, Furórque,
Et Metus, & Virtus, & numquam ſobrius Ardor,
Succiduique gridus, & caſtra ſimillima regi.
Iſque ubi pulverea Nemeen effervere nube

665 Conſpicit, & ſolem radiis igneſcere ferri,
Necdum compoſitas belli in certamina Thebas:
Concuſſus viſis, quanquam ore, & pectore marcet,
Æraque tympanaque, & biforem reticere tumultum
Imperat, attonitas qui circum plurimus aures.

670 Atque ita: Me manus iſta, meamque exſcindere gentem
Apparat: & longe recalet furor: hoc mihi ſævum
Argos, & indomitæ bellum ciet ira novercæ.
Uſque adeone parum cineri data mater iniquo?
Natalesque rogi? quæque ipſe micantia ſenſi

675 Fulgura? relliquias etiam, fuſæque ſepulchrum
Pellicis, & reſidem ferro petit improba Theben.
Nectam fraude moras: illum, illum tendite campum,
Tendite, io, comites. Hyrcanæ ad ſigna jugales
Intumuere jubas, dicto prius adſtitit arvis.

680 Tempus erat, medii cum ſolem in culmina mundi
Tollit anhela dies, ubi tardus hiantibus arvis
Stat vapor, atque omnes admittunt æthera luci.
Undarum vocat ille deas, mediuſque ſilentum
Incipit: Agreſtes fluviorum numina Nymphæ,

685 Et noſtri pars magna gregis, perferte laborem,

Quem

Quem damus. Argolicos paulum mihi fontibus amnes,
Stagnaque, & errantes obducite pulvere rivos.
Præcipuus Nemees, qua noftra in mœnia bellis
Nunc iter, ex alto fugiat liquor, adjuvat ipfe.

690 Phœbus ad hoc fummo (ceffet ni veftra voluntas)
Limite: vim cœptis indulgent aftra, meæque
Æftifer Erigones fpumat canis. Ite volentes,
Ite in operta foli. poft vos ego gurgite pleno
Eliciam, & quæ dona meis ampliffima facris

695 Vefter habebit honos. nocturnaque furta licentum
Cornipedum, & cupidas Faunorum arcebo rapinas.
Dixerat. Aft illis tenuior percurrere vifus
Ora fitus, viridifque comis exhorruit humor.
Protinus Inachios haurit fitis ignea campos.

700 Diffugere undæ: fquallent fontefque, lacufque,
Et cava ferventi durefcunt flumina limo.
Ægra folo macies, tenerique in origine culmi
Inclinata feges. deceptum margine ripæ
Stat pecus, atque amnes quærunt armenta natatos.

705 Sic ubi fe magnis refluus fuppreffit in antris
Nilus, & Eoæ liquentia pabula brumæ
Ore premit, fumant defertæ gurgite valles,
Et patris undofi fonitus expectat hiulca
Ægyptos, donec Phariis alimenta rogatus

710 Donet agris, magnumque inducat meffibus annum,
Aret Lerna nocens, aret Lyrcius, & ingens
Inachus, adverrenfque natantia faxa Charadrus.

Et

Et nunquam in ripis audax Erafinus, & æquus
Fluctibus Asterion. ille alta per avia notus
715 Audiri, & longe pastorum rumpere somnos.
Una tamen tacitas (sed jussu numinis) undas
Hæc quoque secreta nutrit Langia sub umbra.
Nondum illi raptus dederat lachrymabile nomen
Archemorus, nec fama dea. tamen avia servat
720 Et nemus, & fluvium, manet ingens gloria nympham,
Cum tristem Hypsipylen ducibus sudatus Achais
Ludus, & atra sacrum recolit trieteris Opheltem.
Ergo, nec ardentes clypeos vestare, nec artus
Thoracum nexus (tantum sitis horrida torquet)
725 Sufficiunt. non ora modo, angustisque perusti
Faucibus, interior sed vis quatit: aspera pulsu
Corda, gelant venæ, & siccis cruor æger adhæret
Visceribus. tunc sole putris, tunc pulvere tellus
Exhalat calidam nubem, non spumeus imber
730 Manat equûm: siccis illidunt ora lupatis,
Ora catenatas procul exertantis linguas,
Nec legem dominosve pati, sed perfurit arvis
Flammatum pecus. huc illuc impellit Adrastus
Exploratores, si stagna Lycimnia restent,
735 Si quis Amymones superat liquor, omnia cæcis
Ignibus hausta sedent. nec spes humentis Olympi,
Ceu flavam Libyen desertaque pulveris Afri
Conlustrent, nullaque umbratam nube Syenen.
Tandem inter sylvas (sic Evius ipse parabat)
                740 Errantes.

740 Errantes, fubitam pulchro in mœrore tuentur
Hypfipylen. illi quamvis & ab ubere Ophites
Non fuus, Inachii proles infaufta Lycurgi
Dependet, neglecta comam nec dives amictu;
Regales tamen ore notæ, nec merfus acerbis

745 Extat honos. tunc hæc adeo ftupefactus Adraftus:
Diva potens nemorum (nam te vultufque pudorque
Mortali de ftirpe negant) quæ læta fub ifto
Igne poli non quæris aquas, fuccurre propinquis
Gentibus e. arcitenens feu te Latonia cafto

750 De grege tranfmifit thalamis, feu lapfus ab aftris
Non humilis fœcundat amor (neque enim ipfe deorum
Arbiter, Argolidum thalamis novus) afpice mœfta
Agmina. nos ferro meritas exfcindere Thebas
Mens tulit, imbelli fed nunc fitis anxia fato,

755 Summittitque animos, & inertia robora carpit.
Da feffis in rebus opem, feu turbidus amnis.
Seu tibi fœda palus. nihil hac in forte pudendum,
Nil humile eft. Tu nunc ventis, pluvioque rogaris
Pro Jove, tu refugas vires, & pectora bello

760 Exanimata rapis. fic hoc tibi fydere dextro
Crefcat onus. tantum reduces det flectere greffus
Juppiter, O quanta belli donabere præda!
Dircæos tibi diva greges, numerumque rependam
Plebis, & hic magna lacus fignabitur ara.

765 Dixit, & coeantis media inter anhelitus ardens
Verba rapit, curfuque animæ labat arida lingua.

Idem

Idem omnes pallorque viros, flatufque foluti
Oris habet. reddit demiffo Lemnia vultu :
Diva quidem vobis, & fi cœleftis origo eft,

770 Unde ego ? mortales utinam haud tranfgreffa fuiffem
Luctibus ! altricem mandati cernitis orbam
Pignoris, at noftris an quis finus, uberaque ulla,
Scit deus. & nobis regnum tamen, & pater ingens.
Sed quid ego hæc ? feffofque optatis demoror undis ?

775 Mecum age nunc : fi forte vado Langia perennes
Servat aquas. folet & rapidi fub limite cancri
Semper, & Icarii quamvis juba fulguret aftri,
Ire tamen. fimul hærentem, ne tarda Pelafgis
Dux foret, ah miferum vicino cefpite alumnum

780 (Sic Parcæ voluere) locat, ponitque negantem
Floribus aggeftis, & amico murmure dulces
Solatur lachrymas. Qualis Berecynthia mater,
Dum circa parvum jubet exultare Tonantem
Curetas trepidos : illi certantia plaudunt

785 Orgia, fed magnis refonat vagitibus Ide.
At puer in gremio vernæ telluris, & alto
Gramine, nunc faciles fternit procurfibus herbas
In vultum nitens : caram modo lactis egeno
Nutricem clangore ciens, iterumque renidens,

790 Et teneris meditans verba illuctantia labris,
Miratur nemorum ftrepitus, aut obvia carpit,
Aut patulo trahit ore diem. nemorifque malorum
Infcius, & vitæ multum fecurus inerrat.

Sic

Sic tener Odryfia Mavors nive, fic puer acer
795 Vertice Mænalio, talis per littora reptans
Improbus Ortygiæ latus inclinabat Apollo.
Illi per dumos, & opaca virentibus umbris
Devia pars cingunt, pars arcta plebe fequuntur,
Præcelerantque ducem. medium fubit illa per agmen
800 Non humili feftina modo, jamque amne propinquo
Rauca fonat vallis, faxofumque impulit aures
Murmur. ibi exultans conclamat ab agmine primo,
Sicut erat, levibus tollens vexilla maniplis
Argus, Aquæ. (longufque virûm fuper ora cucurrit
805 Clamor) Aquæ. fic Ambracii per littora pofti
Nauticus in remis juvenum monftrante magiftro
Fit fonus, inque vicem contra percuffa reclamat
Terra, falutatus cum Leucada pandit Apollo.
Incubuere vadis paffim difcrimine nullo
810 Turba fimul, primique nequit fecernere mixtos
Æqua fitis. frenata fuis in curribus intrant
Armenta, & pleni dominis, armifque feruntur
Quadrupedes. hos turbo rapax, hos lubrica fallunt
Saxa. nec implicitos fluvio reverentia reges
815 Proterere, aut merfiffe vado clamantis amici
Ora. fremunt undæ, longufque à fontibus amnis
Diripitur modo lene virens, & gurgite puro
Perfpicuus, nunc fordet aquis egeftus ab imo.
Alveus. inde toros riparum, & proruta turbant
820 Gramina. jam craffus cœnoque & pulvere torrens,

Quamquam expleta fitis, bibitur tamen. agmina bello,
Decertare putas, juftumque in gurgite Martem
Præfurere, & captam tolli victoribus urbem.
Atque aliquis regum medio circunfluus amni :
325 Sylvarum, Nemea, longe reginæ virentum,
Lecta Jovi fedes, quam nunc, non Herculis actis
Dura magis, rabidi cum colla minantia monftri
Angeret, & tumidos animam anguftaret in artus:
Hac fæviffe tenus populorum incepta tuorum
330 Sufficiat : tuque ô cunctis infuete domari
Solibus, æternæ largitor corniger undæ,
Lætus das, quacunque domo gelida ora refolvis
Immortale tumens. neque enim tibi cana repoftas
Bruma nives, raptafque alio de fonte refundit
335 Arcus aquas, gravidive indulgent nubila Cori.
Sed tuus, & nulli ruis expugnabilis aftro.
Te nec Apollineus Ladon, nec Xanthus uterque,
Sperchiufqué minax, Centaureufque Lycormas
Præftiterint. tu pace mihi, tu nube fub ipfa
340 Armorum, feftafque fuper celebrabere menfas.
Ab Jove primus honos. bellis modo lætus ovantes
Accipias, feffifque libens iterum hofpita pandas
Flumina, defenfafque velis agnofcere turmas.

FINIS TOMI PRIMI.